Otto Harrassowitz,

Buchhandlung und Antiquariat

in

Leipzig,

Querstrasse 80.

Antiquarischer Catalog

93.

Theodor Benfey's Bibliothek.

2. Abtheilung.

Linguistik mit Ausschluss der indogermanischen Sprachen. — Geschichte, Geographie u. Ethnographie des Orients.

Inhaltsverzeichniss umstehend.

In 14 Tagen erscheint:

Catalog 92: **Theodor Benfey's Bibliothek.** 1. Abtheilung: Allgemeine u. vergleichende Linguistik. Indogermanische Sprachen. Sagen-, Märchen- u. Mythenkunde.

1883.

Inhalt.

Classification nach Benfey.

	Seite
I. **Allgemeine Schriften**	1
II. **Semitische Sprachen.**	
Im Allgemeinen	3
Assyrisch	3
Aramäisch (Syrisch, Chaldäisch, Samaritanisch, Nabatäisch, Mandäisch)	5
Phönizisch	7
Arabisch	8
Himjarisch. — Maltesisch	16
Abessinische Sprachen (Aethiopisch, Geez, Tigre etc.) . . .	17
III. **Hamitische Sprachen.**	
Alt- u. Neuaegyptisch. Koptisch etc.	17
IV. **Uebrige afrikanische Sprachen**	20
V. **Ural-Altaische Sprachen.**	
Tungusisch. Mandschuh. Mongolisch. Burjätisch. Samojedisch . .	21
Türkische Sprachen	22
Finnisch-Ungarische Sprachen. (Ungarisch. Finnisch. Ehstnisch. Lappländisch. Syrjänisch. Ostjakisch. Mordwinisch.)	23
VI. **Dravidische Sprachen.**	
Tamulisch. Canaresisch. Karnataka. Malayalim. Brahuis. Dukhnee. Telugu etc.	26
VII. **Einsilbige Sprachen.**	
Chinesisch. Hinterindische Sprachen. Tibetisch	27
VIII. **Japanisch**	30
IX. **Malayisch-Polynesische Sprachen**	30
X. **Amerikanische Sprachen**	31
XI. **Vereinzelt stehende Sprachen.**	
Baskisch. — Jenissei-Ostjakisch. Jukaghirisch. Singhalesisch. — Aino. — Caucasische Sprachen	33

Geographie, Ethnographie u. Geschichte des Orients.

Allgemeine Schriften	34
Asien	37
Afrika	43
Nachträge	45

L. Reiter, Herzogl. Hofbuchdrucker, Dessau.

Die Bücher werden, sofern nicht das Gegentheil angegeben, als complet und gut gehalten garantirt. Begründete Reclamationen finden sofortige Erledigung.

Werke, bei denen kein Band angegeben ist, sind brochirt.

(A.) bedeutet Ausschnitt, (S.-A.) Separat-Abdruck aus einer Zeitschrift.

1 Mark = 1 franc 25 ct. = 1 Shilling.

I. Allgemeine Schriften.
(Supplement zu Catalog 92.)

M. ₰

1 **Abhandlungen**, 10 kleinere, aus d. Journal Asiat. 1843—59, z. Th. Bruchstücke. 2. —
  Perron. Sur les écoles d'imprimerie d'Egypte. — de Slane. Autobiographie d'Ibn-Khaldoun. — Lenormant. Inscript. du Sinaï etc.

2 **Adagia** id est proverbiorum, paroemiarum et parabolarum omnium, quae apud Graecos, Latinos, Hebraeos, Arabes etc. in usu fuerunt, collectio absolutiss. Francof. 1646. fol. Prgtbd. 900 pag. 6. —

3 **Adelung, J. Chr.** Mithridates, od. allgem. Sprachenkunde m. dem Vater Unser als Sprachprobe. Bd. 1. (Asiatische Sprachen.) Berl. 1806. 8°. Ppbd. 3. 50
  Im Anhang: Literatur d. Vaterunser-Polyglotten (pag. 643—670).

4 **Archives** paléographiques de l'Orient et de l'Amérique, publ. av. des not. histor. et philol. p. L. de Rosny. Vol. I. (seul paru.) Paris 1869. gr. 8°. Av. atlas de 444 pl., dont 3 sont en or et en couleur. Ppbd. 15. —
  Enthält eine Reihe d. interessantesten Abhandlgn., z. B. üb. d. z. ersten Mal veröffentlichten mexican. Codex Telleriano-Remensis etc.

5 **Atti** del IV. congresso internaz. degli Orientalisti, tenuto in Firenze 1878. Vol. 1. (Egittologia, lingue semet. ant. e assiriologia, lingue arab.) Firenze 1880. 8°. C. 9 tav. (25 Lire.) 14. —
  Enth. Arbeiten v. Lieblein, Schiaparelli, Maspero, Hommel, Lenormant, Merx, J. Oppert, Ascoli, Weil, Schio, Mehren, Dieterici, Krehl etc.

6 **Bibliothèque** de M. le Baron Silv. de Sacy. Vol. 2. 3. Paris 1846—47. 8°. — Catalogue très-estimé. 4. —

7 **Buch des Kabus** od. Lehren d. pers. Königs Kjekjawus f. s. Sohn Ghilan Schach. A. d. Türkisch-Pers.-Arab. übers. u. m. Abhandlgn. u. Anmerk. erläutert v. H. Fr. v. Diez. Berl. 1811. 8°. Hfrzbd. 3. —

8 **Cardonne.** Mélanges de littérature orientale traduits de différens mss. turcs, arabes et persans. La Haye 1771. 8°. Hfrzbd. 2. —

9 **Caspari, C. P.** Historisk-krit. afhandlinger over en del virkelige og formentlige orientalske daabsbekjendelser. Kristiania 1884. 8°. (S.-A.) 758 pag. 8. —

10 **Castelli, Edm.** Lexicon heptaglotton. Tom. I. Lond. 1669. fol. Ldrbd. 20. —

11 **Culmann, F. W.** Versuch ein. Erklärung d. Aspiraten. Leipz. 1874. 8°. 1. —

12 **Dozy, R.** Essai sur l'histoire de l'Islamisme. Trad. du Hollandais p. V. Chauvin. Leyde 1879. gr. 8°. (6½ M.) 4. 50

13 **Ewald, H.** Sprachwissenschaftl. Abhandlgn. (Bau d. Thatwörter im Koptischen. — Die geschichtl. Folge d. semit. Sprachen etc.) 3 Thle. Gött. Ac. 1861—71. 4°. (7½ M.) 3. —

14 **Forster, Ch.** The one primeval language, traced experimentally through ancient inscriptions. 3 vol. Lond. 1852—54. 8°. Mit zahlr. Inschriftentafeln etc. Sarsbde. — Nicht häufig. 22. —

Otto Harrassowitz in Leipzig. 1

Allgemeine Schriften.

M. ₰

15 **Fundgruben** des Orients. Mines de l'Orient. Publ. p. Jos. de Hammer. 6 vol. Wien 1809—18. fol. M. Taf. Hfrzbde.   80. —

16 — — Bd. VI. Wien 1848. fol. Ppbd.   10. —

17 **Hammer-Purgstall.** Abhandl. üb. d. Siegel d. Araber, Perser u. Türken. Wien. Ac. 1848. 4°. M. Taf. Vergriffen.   2. 50

18 **d'Herbelot.** Bibliothèque orientale ou dictionn. univers. cont. tout ce qui regarde la connoissance des peuples de l'Orient. Maestricht 1776. fol. Frzbd. Schönes Ex.   10. —

19 **Joël, M.** Beiträge zur Gesch. d. Philosophie. 2 Bde. (Moses Maimonides. Levi ben Gerson. Don Chasdai Creskas. Spinoza. Philo. Saadias. Mendelssohn etc.) Bresl. 1876. 8°. (12 M.)   8. —

20 **Journal asiatique.** 7. Série. Vol. 1. Paris 1873. gr. 8°.   5. —

21 — — 3. série. Nr. 19, 20, 22, 24, 25, 34. 1837—38. — 4. série. Nr. 16, 25, 39, 43. 1844—47. — 5. série. Nr. 30, 57, 58, 60, 62, 69, 73, 75, 79. 1857—62. — 6. série. Nr. 4, 5, 14, 15, 16, 18. 1863—65. 8°. broch.   à 1. —

22 **Kennedy, J.** Essays ethnological and linguistic. Lond. 1861. 8°. Neu. (7½ M.)   3. —
    On the ancient languages of France and Spain. — Ethnology and civilization of the ancient Britons. — Nationality and language of the Etruscans. — Probable origin of the Amer. Indians. — Traces of Phoenician civilization in Central-America. etc.

23 **Keyzer, S.** Het mohammedaansche strafregt naar arab., javaansche en maleische bronnen. 's Gravenh. 1857. gr. 8°. Hfrzbd. 176 pag.   2. 50

24 **Khanikoff, N. de.** Mémoire s. les inscriptions musulmanes du Caucase. (Journal Asiat. 1862.) 8°. Av. nombr. facsim. etc. 100 pag.   2. 50

25 **Kraus, L. A.** Kritisch-etymolog. medicin. Lexikon, od. Erklärung d. Ursprungs d. besonders a. d. Griech. in d. Medicin aufgenommenen Kunstausdrücke. Beispielsammlung f. jede Physiologie d. Sprache. 2. verm. Aufl. M. Nachtrag. Gött. 1826—32. 8°. (12 M.)   3. —

26 **Lagarde, P. de.** Symmicta. Gött. 1877. gr. 8°. Hsarsbd. (5 M.)   3. 50

27 **Lenormant, Ch.** Cours d'histoire anc.: Introduction à l'hist. de l'Asie Occident. Paris 1838. 8°. Hfrzbd.   1. —

28 **Lepsius, C. R.** Standard alphabet for reducing unwritten languages and foreign graphic systems to a uniform orthography in european letters. 2d ed. Lond. 1863. 8°. Sarsbd.   3. —

29 **Littré, E.** Comment dans 2 situations histor. les Sémites entrèrent en compétition av. les Aryens pour l'hégémonie du monde. Leipz. 1879. 8°. (S.-A.) 32 pag.   — 80

30 **Meninski, Fr. a Mesgnien.** Lexicon arabico-persico-turcicum adjecta ad singulas voces et phrases significatione latina, ad usitatiores etiam italica. Editio 2ª. 4 vol. Viennae 1780. fol. Ppbd. unbeschn. Wohlerhalt. Ex.   60. —

31 **((Muir.)** The forefathers of Mahomet, and history of Mecca. Calc. 1854. 8°. (S.-A.) 22 pag.   1. —

32 **Nesselmann.** Nummorum orient. in nummophylacio Regimont. explicatio. Regim. 1846. 8°.   1. —

33 **Nève, F.** Mémoire sur la vie d'Eugène Jacquet, et ses travaux relat. aux langues de l'Orient. Av. appendice de pièces inéd. Brux. Ac. 1856. 4°. 148 pag.   2. —

34 **Norberg, M.** Selecta opuscula academica (ad litteras graecas et orientales spectantia), ed. J. Norrmann. 3 vol. Lond. Goth. 1817—19. 8°.   5. —

35 **Parrat, H. J. F.** Principes d'étymologie naturelle basés sur les origines des langues sémitico-sanscrites. Paris 1851. 4°. 64 pag.   2. —

36 **Petit, Sam.** Eclogae chronologicae, in quibus de variis annor. Judaeorum, Graecor., Romanor. etc. typis cyclisque veterum christianor. paschalibus. Paris. 1632. 4°. Ppbd.   2. —

37 **Poole, Stanley L.** Coins of the Urtuki Turkumans. Lond. 1876. 4°. W. 5 pl. (9 Sh.)   6. —

38 **Revue orientale,** redig. p. Eichhoff, Garcin de Tassy, Oppert, de Rosny etc. 2e Série. Vol. 2: 1869—70. Paris 1871. 8°.   2. 50

39 **Rollin.** Ancient history of the Egyptians, Carthaginians, Babylonians etc. 2 tom. 1 vol. Lond. 1844. gr. 8°. Sarsbd.   4. —

Semitische Sprachen: Assyrisch.

	M. ₰
40 **Sainthill, R.** Numismatic crumbs. (Unpubl. pattern rupee of King William IV. Not. of oriental coinages etc.) Lond. 1855. gr. 8⁰. W. pl. 17 pag. — »Printed for private distribution.«	3. 50
41 **Schiefner, A.** Das 13monatl. Jahr u. d. Monatsnamen d. sibir. Völker. St. Petersb. Ac. 1856. 8⁰. 36 pag.	1. —
42 **Sédillot, L. P. E. A.** Observations sur l'histoire de l'astronomie et des mathématiques chez les Orientaux. Paris 1863. 8⁰.	
43 **Seyffarth, G.** Berichtigungen d. röm., griech., pers., aegypt., hebr. Geschichte, Zeitrechnung u. Mythologie. Leipz. 1855. 8⁰. M. Taf. 264 pag.	1. —
44 **Soret, F.** Lettre à Sawelief s. les médailles orientales inédites de la collect. Soret. Brux. 1854. gr. 8⁰. Av. 3 pl. (Extr.)	3. —
45 **Trübner's** American and Oriental Literary record. A monthly register of the most important works publ. in North and South America, India, China and the British Colonies. Vol. I—XII. (No. 1—146.) Lond. 1865—79. gr. 8⁰. Vollständig sehr selten, u. für d. oriental. Bibliographie unentbehrlich.	105. —
46 **Vater, J. S.** Literatur d. Grammatiken, Lexica u. Wörtersammlungen aller Sprachen d. Erde. 2. umgearb. Aufl. v. B. Jülg. Berl. 1847. 8⁰. (9 M.)	4. —
47 **Zeitschrift** d. deutschen morgenländ. Gesellschaft. Bd. 1—34 u. 35 Heft 1—3. Mit d. Jahresberichten f. 1845—46, 59—61, 62—67. Heft 1, 76—78 Heft 1 u. Register zu Bd. 1—30. Leipz. 1845—81. 8⁰. M. zahlr. Taf. In 37 Ppbdn. u. 5 Hefte broch. (485¼ M.) — Complet, soviel bis 1881 ersch.	300. —
48 **Zenker, J. Th.** Dictionnaire turc-arabe-persan. Türkisch-arabisch-persisches Handwörterbuch. 2 Bde. Leipz. 1862—76. 4⁰. (100 M.)	66. —

II. Semitische Sprachen.

Allgemeine Schriften.

49 **Blix, E.** De vigtigste udtryk for begreberne herre og fyrste i de semitiske sprog. Krist. 1876. 8⁰. 100 pag.	2. —
50 **Braun, J.** Gemälde d. mohammedan. Welt. Leipz. 1870. 8⁰. (7½ M.)	5. —
51 **Chwolson, D.** Die semit. Völker. Versuch ein. Charakteristik. Berl. 1872. 8⁰.	1. —
52 **Dietrich, F. E. C.** Abhandlungen f. semit. Wortforschung. Leipz. 1844. 8⁰. (7½ M.)	2. 50
53 **Guidi, Ign.** Della sede primitiva dei popoli semitici. Roma Ac. 1879. 4⁰. 52 pag.	3. —
54 **Leguest.** Etudes s. la formation des racines sémitiques suivies de considérations générales s. l'origine et le développement du langage. Paris 1858. gr. 8⁰. (6 Fr.)	3. 50
55 **Levy, M. A.** Siegel u. Gemmen m. aram., phöniz., althebr., himjar., nabath. u. altsyr. Inschriften. Bresl. 1869. 8⁰. M. 3 Taf. (4 M.)	2. 50
56 **Müller, J. G.** Die Semiten in ihr. Verhältniss zu Chamiten u. Japhetiten. Gotha 1872. gr. 8⁰. (5 M.)	2. 50
57 **Neubauer,** Fr. Müller, Sachau, Kämpf etc. 10 kleinere Abhandlgn. üb. semit. Sprachen. 1850—76.	4. 50
58 **Olshausen, J.** Ueb. d. Umgestaltung semit. Ortsnamen bei d. Griechen. Berl. Ac. 1879. 8⁰. 31 pag.	1. 25
59 **Porges, N.** Ueb. d. Verbalstammbildung in d. semit. Sprachen. Wien. Ac. 1875. 8⁰.	1. —

Assyrisch.

60 **Brandes, H.** Abhandlungen zur Gesch. d. Orients im Alterthum. Halle 1874. 8⁰. (4 M.)	2. 25
61 **Brandis, J.** Ueb. d. histor. Gewinn a. d. Entzifferung d. assyr. Inschriften. Berl. 1856. 8⁰. M. Taf.	1. —
62 **Busch, M.** Urgeschichte d. Orients bis zu den medischen Kriegen. 3 Thle. in 1 Bde. Leipz. 1869—70. 8⁰. Sarsbd. (12 M.)	6. —

Otto Harrassowitz in Leipzig.

Assyrisch.

M. ₰

63 **Chossat, Ed. de.** Répertoire assyrien. (Texte, traduction, dictionnaire etc.) Lyon 1879. gr. 4°. 25. —
184 pag. u. 204 pag. (lithogr.): Classification des caractères cunéiformes babyloniens, ninivites, archaïques et modernes.

64 **Chwolson, D.** Ueb. d. Ueberreste d. altbabylon. Literatur in arab. Uebersetzungen. St. Petersb. Ac. 1859. 4°. 4. —

65 — Ueb. Tammúz u. die Menschenverehrung bei den alten Babyloniern. St. Petersb. 1860. gr. 8°. (S.-A.) 112 pag. 3. —

66 **Delattre, A.** Les inscriptions historiques de Ninive et de Babylone. Aspect génér. de ces documents, examen rais. des versions franç. et angl. Paris 1879. gr. 8°. 90 pag. 1. 50

67 **Gobineau, Cte. de.** Traité des écritures cunéiformes. 2 vol. Paris 1864. gr. 8°. Av. 18 pl. (28 fr.) 15. —

68 **Grotefend, G. Fr.** Erläuterung einer Inschrift d. letzten assyr.-babylon. Königs aus Nimrud. Hannov. 1853. 4°. M. 1 Taf. 1. 50

69 **Gumpach, J. v.** Die Zeitrechnung d. Babylonier u. Assyrer. Heidelb. 1852. 8°. (3½ M.) 1. —

70 **Halévy.** Nouv. évolut. de l'Accadisme. — J. Oppert. Sumérien ou Accadien? — Brosset et Kunik. 2 inscript. cunéiform. Nebst 3 ähnl. Schriften von J. Oppert. 1859—78. 2. 50

71 **Höfer, F.** Deux mémoires sur les ruines de Ninive. Paris 1850. 8°. Av. 4 pl. 83 pag. 1. 50

72 **Hommel, Fr.** Zwei Jagdinschriften Asurbanibals nebst einem Excurs üb. d. Zischlaute im Assyrischen. Leipz. 1879. gr. 8°. M. Taf. (5½ M.) 3. 50

73 **Juynboll, A. W. Th.** Juda en de assyrische macht, 741—711. Leiden 1868. 8°. 116 pag. 1. 50

74 **Layard, A. H.** A popular account of discoveries at Nineveh. New ed. Lond. 1852. 8°. W. num. woode. Lwdbd. 4. —

75 — Ninive u. s. Ueberreste. Deutsch v. N. N. W. Meissner. Neue Ausg. Leipz. 1854. 8°. M. 94 Illustr. u. Karte etc. Sarsbd. (7½ M.) 4. —

76 **Lenormant, Fr.** Chaldean magic, its origin and development. From the French, w. addit. and notes. Lond. 1877. gr. 8°. Sarsbd. (12 Sh.) 6. —

77 — Manuel d'histoire ancienne de l'Orient. Vol. 2: Assyriens. Babyloniens. Mèdes. Perses. Paris 1869. 8°. 4. —

78 **Lotz, W.** Die Prisma-Inschrift d. assyr. Kön. Tiglathpileser I. in transskribiertem Text m. Uebersetz. u. Komment. Leipz. 1880. gr. 8°. 4. —

79 **Löwenstern, J.** Essai de déchiffrement de l'écriture assyrienne p. serv. à l'explic. du monument de Khorsabad. Paris 1845. gr. 8°. Av. 3 pl. Hfrzbd. (5 fr.) 2. —

80 **Niebuhr, M. v.** Geschichte Assur's u. Babel's seit Phul. Berl. 1857. 8°. M. Karten etc. Sarsbd. (9 M.) 6. —

81 **Oppert, J.** Éléments de la grammaire assyrienne. Paris 1860. 8°. (S.-A.) 3. —

82 **de Saulcy.** Recherches sur la chronologie des empires de Ninive, de Babylone et d'Ecbatane, 884—529 av. J. C. Paris 1849. 8°. 161 pag. 7. 50
S.-A. Vergriffen u. sehr selten geworden.

83 **Sayce, A. H.** Accadian phonology. Lond., Philol. Soc., 1876. 8°. 20 pag. 1. —

84 — The tenses of the assyrian verb. Lond., As. Soc., 1877. 8°. 37 pag. 2. —

85 **Schmidt, Vald.** Assyriens og Aegyptens gamle historie. Bd. I. Kjobenh. 1872. gr. 8°. M. 1 Karte u. zahlr. Inschriften. 520 pag. 5. —

86 **Schrader, Eb.** Keilinschriften u. Geschichtsforschung. Ein Beitrag zur monument. Geographie, Gesch. u. Chronol. d. Assyrer. Giessen 1878. gr. 8°. M. Karte. Hfrzbd. (14 M.) 10. —

87 — Zur Kritik d. Inschriften Tiglath-Pileser's II., d. Asarhaddon u. d. Asurbanipal. Berl. Ac. 1880. 4°. M. photolith. Taf. (3 M.) 2. —

88 **Stern, M. A.** Die dritte Gattung d. achämen. Keilinschriften. Gött. 1850. 8°. M. 1 Taf. Hlwdbd. (4 M.) 2. 25

89 **Talbot, H. F.** Contributions towards a glossary of the assyrian language. 2 parts. (Journ. of the As. Soc. 1867—69.) 8°. W. plate. 111 pag. 5. —

90 **Wattenbach, W.** Ninive u. Babylon. Heidelb. 1868. 8°. 1. —

Antiquarischer Catalog Nr. 93.

Aramaelsch.

(Syrisch, Chaldaeisch, Samaritanisch, Nabataeisch, Mandaeisch.)

M. ₰

91 **Agrell, C. M.** Otiola syriaca. Lund. 1816. — De varietate generis et numeri in linguis hebraea, arab. et syr. Lund. 1815. 4°. Hfrzbd. 3. —
92 **Anecdota Syriaca.** Edid. et prolegom. etc. instr. J. P. N. Land. 4 vol. Lugd. B. 1862—75. 4°. C. 39 tabb. facs. 45. —
93 — — Vol. 3: Zachariae Episc. Mityl. Scripta historica. Lugd. B. 1870. 4°. C. tab. facs. (15 M.) 10. —
94 **Asseman, J. S.** (Syro-Maronita.) Series chronologica patriarcharum Antiochiae. Nunc primum ex cod. Vat. arab. et lat. ed. J. Notain Darauni. Romae 1881. gr. 8°. 6. —
95 **Bar-Hebraei** (Gregorii Abulpharagii) Chronicon Syriacum. Syr. et lat. E codd. Bodlejan. edid. P. J. Bruns et G. G. Kirsch. 2 vol. Lips. 1789. 4°. Unbeschnittenes Ex. — Selten u. sehr gesucht. 60. —
96 — Carmina. Syriace. Rec. et lexicon adjec. Scebabi. Romae 1877. 8°. 15. —
97 — Carmen de divina sapientia. Acced. adnotatt. et interpretatt. J. Notayn Darauni. Romae 1880. gr. 8°. 48 pag. Syriace. 4. —
98 — In evangel. Matthaei commentarior. capita 1—8, e recogn. J. Spanuth. Lugd. B. 1879. 4°. 30 pag. — Nicht im Handel. 2. 50
99 **Beer, E. F.** Studia asiatica. Fasc. 3: Inscriptiones veteres litteris et lingua (aramaica) hucusque incogn. ad Montem Sinai servatae. Pars 1. Lips. 1840. 4°. C. 16 tabb. facs. (6 M.) — Nur dieses eine Heft ist erschienen. 2. 50
100 **Bickell, G.** Conspectus rei Syrorum literariae additis notis bibliograf. Monast. 1871. 8°. 1. 50
101 **Brüll, Ad.** Zur Geschichte u. Literatur d. Samaritaner. Frankf. 1876. 8°. 1. 50
102 — Krit. Studien üb. Manuscript-Fragmente d. samaritan. Targums in Oxford. Frankf. 1875. 8°. 1. 50
103 — Varianten zur Genesis d. samaritan. Targums. Frankf. 1876. 8°. — 80
104 **Cardahi, Gabr.** Liber thesauri de arte poetica Syrorum nec non de eorum poetarum vitis et carminibus. (Syriace.) Romae 1875. gr. 8°. 201 pag. 13. —
105 — Al'yhkam, s. linguae et artis metricae Syrorum institutiones. Romae 1880. gr. 8°. 82 pag. Syriace. 6. —
106 **Castelli, Edm.** Lexicon syriacum. Ex ejus lexico heptaglotto curavit et adnotata sua adjec. J. D. Michaelis. 2 tom. 1 vol. Gott. 1788. 4°. Prgtbd. Selten. 50. —
107 — — Idem. Pars 1. Gött. 1788. 4°. 8. —
108 **Catalogi** Codicum MSS. Bibliothecae Bodleianae. Pars VI, codd. syriacos, carshunicos, mandaeos compl., ed. R. P. Smith. Oxon., typogr. Clarend., 1864. 4°. C. 5 facsim. Sarsbd. (24 Sh.) 16. —
109 **Clementis Rom.** Epistolae de virginitate. Syriace et lat. Edid. et notis crit. instr. J. Th. Beelen. Acced. anecdota syriaca etc. Lovan. 1856. roy. 8°. 6. —
110 — — Eaed. Ausgabe auf Gross-Schreibpapier. 9. —
111 **Codex Nasaraeus:** liber Adami appellatus. Syriace et lat. edid. M. Norberg. Acced. onomasticon et lexidion. 5 part. 2 vol. Hafniae 1815—17. 4°. 20. —
Brunet: Edition donné d'après la copie d'un manuscrit Saboen de la Bibl. Roy. de France. — Vendu 51 fr. 43 fr.
112 **Codex Syro-Hexaplaris** Ambrosianus, photolithographice ed. notisque illustr. A. M. Ceriani. Mediol. 1874. gr. fol. Sarsbd. (168 M.) 145. —
Schönes unbeschnittenes Ex. dieses wichtigen Werkes.
113 **Codex** Syriaco-hexaplaris Ambrosiano-Mediolanensis. C. lat. vers. ed. M. Norberg. Lond. Goth. 1787. 4°. Frzbd. 4. —
114 **Corpus Ignatianum.** A complete collection of the Ignatian epistles in Syriac, Greek and Latin, with engl. translation, copious notes and introduct. by W. Cureton. Berl. 1849. gr. 8°. Sarsbd. 8. —
115 — **Cureton, W.** Vindiciae Ignatianae, or the genuine writings of St. Ignatius, as exhibited in the ancient syriac version, vindicated from the charge of heresy. Lond. 1846. 8°. Sarsbd. 3. —
116 — **Lipsius, R. A.** Ueb. d. Verhältniss d. Textes d. 3 syrischen Briefe d. Ignatios zu d. übrigen Recens. d. Ignatian. Literatur. Leipz. 1859. gr. 8°. Ppbd. (S.-A.) (4½ M.) 2. 50

Otto Harrassowitz in Leipzig.

Aramaeisch.

ℳ. ₰

417 Cureton, W. Spicilegium syriacum, containing remains of Bardesan, Meliton, Ambrose and Mara Bar Serapion. Now first edit. with an engl. translat. and notes. Lond. 1855. gr. 8°. Sarsbd. Vergr. — Quaritch 36 Sh. 20. —

418 Cyril of Alexandria. Fragments of the homilies on the gospel of S. Luke, ed. by W. Wright. Lond. 1874. 4°. »Only 200 copies printed for private circulation.« 3. 50

419 Dietrich, Fr. Codicum syriacor. specimina ad illustrandam dogmatis de coena sacra nec non scripturae syr. historiam. Marb. 1855. 4°. C. 6 tabb. facs. 1. 50

420 Ephraemi Syri Opera omnia. Graece, syriace et lat. Edid., var. lect., notis etc. ill. J. S. Assemannus. 6 vol. Romae 1732—46. fol. Hprgtbde. 160. —
Neues unbeschnittenes Ex. dieser werthvollen u. gesuchten Ausgabe.

421 — Opera selecta. Syriace. E codd. mss. in Museo Britannico et Biblioth. Bodleian. primus ed. et var. lectt. instr. J. J. Overbeck. Oxon., typogr. Clarend., 1865. gr. 8°. Sarsbd. (24 Sh.) Neu. 12. —

422 — Hymni et sermones. Syr. et lat., e codd. ed., var. lectt., notis et prolegom. instr. Th. J. Lamy. Vol. 1. (unic.) Mechlin. 1882. 4°. 18. —

423 — The repentance of Nineveh, a metrical homily. W. some smaller pieces. Transl. from the Syriac with notes by H. Burgess. Lond. 1853. 8°. cloth. (10½ M.) 5. —

424 — **Lengerke, C. a.** De Ephraemi Syri arte hermeneutica. Regim. 1831. gr. 8°. cart. (4½ M.) Fleckig. 1. —

425 Eusebius of Caesar. Theophania. Syriac version edit. from an anc. MS. by Sam. Lee. Lond. 1842. 8°. (15 M.) 5. —

426 Fürst, J. Lehrgebäude d. aramäischen Idiome m. Bezug auf d. indogerman. Sprachen. Chaldaeische Grammatik. Leipz. 1835. 8°. Hfrzbd. 3. 50

427 Glossen, Syrisch-arabische. Bd. 1 (einz.): Autographie ein. gothaischen HS. enth. Bar Ali's Lexikon von Alaf bis Mim. Hrsg. v. G. Hoffmann. Kiel 1874. 4°. (20 M.) 13. —

428 Guriel, Jos. Elementa linguae chaldaicae, quibus acced. series patriarcharum chaldaeorum (chald. et lat.) Rom. 1860. 8°. — Neusyr. Grammatik. 4. 50

429 Halévy. Etudes sabéennes. IX. Paris, Journ. asiat., 1873. 8°. 64 pag. 1. —

430 Hoffmann, A. Th. Grammatica syriaca. Halae 1827. 4°. 9. —

431 — Eadem. Hldrbd. 10. —

432 Hoffmann, G. Syrisch-arabische Glossen. Bd. 1: Bar Ali's Lexikon von Alaf bis Mim, nach ein. Goth. HS. autographirt. Kiel 1874. 4°. (20 M.) 13. —

433 — Auszüge aus syrischen Akten persischer Märtyrer, übers. u. erläut. Leipz. 1880. gr. 8°. (14 M.) 10. —

434 Irenaei, S. Libri adversus haereses. Gr. et lat. Edid., emend. et ill. W. W. Harvey. 2 vol. Cantabr. 1857. gr. 8°. Sarsbde. (36 M.) 21. —
Beste Ausgabe, enthält auch d. Fragmenta syriaca, armen. etc.

435 S. Isaaci Antiocheni Opera omnia. Syriace et lat., c. var. lect., primus ed. G. Bickell. 2 vol. Gissae 1873—77. 8°. Hfrzbde. (26 M.) Schönes Ex. 20. —

436 Juynboll, T. G. J. Commentarii in historiam gentis Samaritanae. Lugd. B. 1846. 4°. (4¾ flor. holl.) 9. —

437 Kalilag u. Damnag. Alte syr. Uebersetz. d. indischen Fürstenspiegels. M. deutscher Uebersetz. u. Anmerk. hrsg. v. G. Bickell. M. Einleit. (CXLVII pag.) v. Th. Benfey. Leipz. 1876. gr. 8°. (24 M.) 16. —

438 Kempis, Thom. a. Imitatio Christi a Jos. Guriel, Persa-Chaldaeo, chaldaice editum. Rom. 1857. gr. 8°. Schöne Ausgabe. 6. —

439 Khayyath, G. E. Syri orientales, s. Chaldaei, Nestoriani et Romanorum pontificum primatus. C. textibus citationum. Acc. 2 append. de auctorum et documentor. notitia et de Chaldaeor. denominatione, lingua etc. Romae 1870. gr. 8°. 207 pag. 6. —

440 Kirsch, G. G. Chrestomathia syriaca, c. lexico. Denuo ed. G. H. Bernstein. 2 tom. 1 vol. Lips. 1832—36. 8°. Sarsbd. 7. 50

441 — Eadem. Hof 1789. 8°. Ppbd. 1. —

442 Kleyn, H. G. Jacobus Baradaeus, de stichter der syrische monophysietische kerk. Leiden 1882. 8°. M. arab. Text. Nicht im Handel. 5. —

443 Kohn, S. Zur Sprache, Literatur u. Dogmatik d. Samaritaner, nebst 2 unedirten samarit. Texten. Leipz., Abh. f. Kunde d. Morgenl., 1876. 8°. (12 M.) 8. —

Phoenizisch.

	ℳ ₰
144 **Kohn, S.** Samaritan. Studien. Beitr. z. samaritan. Pentateuchübersetz. u. Lexicographie. Bresl. 1868. 8°.	2. —
145 **Land, J. P. N.** Johannes Bischof v. Ephesos, der erste syr. Kirchenhistoriker. Leid. 1856. 8°. M. Taf.	4. —
146 **Levy, J.** Chaldaeisches Wörterbuch üb. d. Targumim. u. einen grossen Theil d. rabbin. Schriftenthums. 2. Aufl. 2 Bde. Leipz. 1876. Lex. 8°. (33 M.)	17. —
147 **Nöldeke, Th.** Ueb. d. Mundart d. Mandäer. Gött. Ac. 1862. 4°.	1. 50
148 — Grammatik d. neusyrischen Sprache am Urmia-See u. in Kurdistan. Leipz. 1868. gr. 8°. Hfrzbd. m. Goldschn. (14 M.)	10. —
149 — Mandäische Grammatik. Halle 1875. gr. 8°. M. Taf. (15 M.)	12. —
150 **Opitii, H.** Syriasmus facilitati et integritati suae restitutus, simulque Hebraismo et Chaldaismo harmonicus. Leipz. 1691. 4°. Prgtbd. 300 pag.	1. 50
151 **Origenis** Hexapla, s. veterum interpretum graecorum in Vet. Test. fragmenta. Adhibita vers. syro-hexapl. emend. et multis partibus aux. Fr. Field. 2 vol. Oxon., typogr. Clarend., 1875. 4°. Sarsbde. (105 Sh.)	80. —
152 **Petermann, J. H.** Brevis linguae chaldaicae grammatica, litteratura, chrestomathia c. glossario. Ed. 2ᵃ emend. Berol. 1872. 8°. (4 M.)	2. 50
153 — Brevis linguae samaritanae grammatica, litteratura, chrestomathia c. glossario. Carolsr. 1873. 8°. (4 M.)	2. 50
154 **Prym, E. u. A. Socin.** Der neu-aramaeische Dialect d. Tûr 'Abdîn. 2 Bde. Gött. 1881. 8°. (16 M.)	12. —
155 **Pseudo-Plutarchos.** Περὶ ἀσκήσεως. Uebers. (aus d. Syrischen) v. Gildemeister u. Bücheler. Bonn 1872. 8°. (S.-A.)	1. —
156 **Quolasta,** od. Gesänge u. Lehre von d. Taufe u. d. Ausgang d. Seele. Mandäischer Text m. sämmtl. Varianten. Nach Pariser u. Londoner MSS. hrsg. v. J. Euting. Stuttg. 1867. fol. (100 M.) — Nur in 110 Exempl. gedruckt.	60. —
157 **Röth, E. M.** Die Proklamation d. Amasis an d. Cyprier um d. Mitte d. 6. Jahrh. v. Chr. Geb. Entzifferung d. Erztafel v. Idalion. Paris 1855. fol. (16 M.)	6. —
158 **Sasse, C. J. Fr.** Prolegomena in Aphraatis sermones homileticos. Lips. 1879. 8°.	— 80
159 **Smith, R. P.** Thesaurus syriacus. Vol. I. Oxon., e typogr. Clarend., 1879. fol. Sarsbd. (105 Sh.) — Soviel bis jetzt erschienen.	82. —
160 **Targum,** Das samaritan., zum Pentateuch, zum 1. Mal hrsg. m. ein. Anhang textkrit. Inhalts v. Ad. Brüll. Frankf. 1875. 8°. (12 M.)	7. —
161 **Testamentum Nov.** Syriace. (Peschito.) Acced. variae lectiones. Lond., Bagster, (1870). fol. Sarsbd. Schöne Ausgabe. Bildet das Suppl. zu Bagsters Biblia Polyglotta.	6. —
162 — Syro-chaldaice. Lond. (1828?) 4°.	4. —
163 **Themistios.** Περὶ ἀρετῆς, (nach e. syr. Uebersetz.) bearb. v. Gildemeister u. Bücheler. Bonn 1872. 8°. (S.-A.)	1. —
164 **Uhlemann, Fr.** Grammatik d. syr. Sprache, nebst Chrestomathie u. Wörterbuch. 2. verm. Ausg. Berl. 1857. gr. 8°. (Erhöhter Ladenpreis 18 M.)	12. —
165 — Die Christenverfolgungen in Persien im 4. u. 5. Jahrh. Aus gleichzeit. syrischen Originalquellen. 1861. 8°. (A.) 162 pag.	1. 50
166 **Verhandlungen** d. Kirchenversamml. zu Ephesus am 22. Aug. 449 (julian. Kalend.), aus ein. syr. Hs. übers. v. G. Hoffmann. Kiel 1873. 4°. (3½ M.)	2. 50
167 — The second **Synod** of Ephesus, together with extracts relating to it, from Syriac MSS. of the British Museum, and now first translated by S. G. F. Perry. Dartford 1881. 8°. Sarsbd. (10 Sh.)	6. —
168 **Zingerle, P.** Chrestomathia syriaca. Cum lexico. Romae 1871—73. gr. 8°.	12. —

Phönizisch.

169 **Bellermann.** Ueb. d. phöniz. u. pun. Münzen. 4 Hefte. Berl. 1812—16. 8°.	4. —
170 **Bourgade, F.** Toison d'or de la langue Phénicienne. 2° édit. Paris 1856. fol. Av. 22 pl. (55 fr.) Sammlung punischer Inschriften mit latein. u. französ. Uebersetzt. u. Transscription in hebr. Lettern.	24. —

Otto Harrassowitz in Leipzig.

Arabisch.

		M. ₰
471 **Dietrich, Frz. E.** Zwei sidonische Inschriften u. eine altphönic. Königsinschrift, hrsg. u. erklärt. Marb. 1855. gr. 8°. M. 4 Taf. (3 M.)		1. 50
472 **Euting, J.** Punische Steine. St. Petersb. Ac. 1871. gr. 4°. M. 46 Taf. Facs. (15 M.)		10. —
473 **Gesenius, Guil.** Scripturae linguaeque Phoeniciae monumenta edita et inedita illustrata. 3 partt. 1 vol. Lips. 1837. 4°. C. 46 tabb. Hfrzbd.		20. —
474 **Gildemeister** u. **Ritschl.** Dreisprachige (punische) Inschrift v. Sardinien. Bonn 1864. gr. 8°. cart. (S.-A.)		1. —
475 **Hamaker, H. A.** Miscellanea phoenicia. (Inscriptiones lapidum et numorum. Nomina propria. Pun. gentis lingua et religiones.) Lugd. B. 1828. 4°. C. 5 tabb. (10 flor.)		8. —
476 **Helfferich, A.** Die phönizisch-cyprische Lösung. Frankf. a. M. 1869. 8°.		1. —
477 **Hitzig, F.** Die Grabschrift d. Eschmunazar. Leipz. 1855. 8°.		1. —
478 **Kämpf, S. J.** Die Inschrift auf d. Denkmal Mesa's Kön. v. Moab, m. Uebersetz. u. Erläut. Prag 1870. 8°. M. Taf.		1. —
479 **Kautzsch, E.** u. **A. Socin.** Die Aechtheit d. moabit. Alterthümer geprüft. Strassb. 1876. gr. 8°. M. 2 Taf. (4 M.)		2. 50
480 **Kenrick, J.** Phoenicia. Lond. 1855. 8°. W. maps, plates of coins etc. Sarsbd. (16 M.)		10. —
"A very valuable work on the history, literature, language etc. of the Phoenicians."		
481 **Levy, M. A.** Phönizisches Wörterbuch. Bresl. 1864. 8°.		1. 50
482 **Movers, F. C.** Die punischen Texte im Poenulus d. Plautus erklärt. Bresl. 1845. 8°. Sarsbd.		2. —
483 **Müller, Al.** 4 sidonische Münzen aus d. röm. Kaiserzeit. Wien. Ac. 1860. 8°. Vergriffen.		1. —
484 **Sanchuniathonis** Historiae Phoeniciae. Gr. et lat. ed. F. Wagenfeld. Bremae 1837. 8°. (6 M.)		2. —
485 — Urgeschichte d. Phönizier, im Auszuge. Deutsch, nebst Bemerkgn. v. Wagenfeld u. Grotefend. Hann. 1836. 8°. M. Facs.		1. 50

Arabisch.

486 **Abdallatif's** Denkwürdigkeiten Egyptens. A. d. Arab. v. Wahl. Halle 1790. 8°.		1. 25
487 **Aben-Paschualis** Assila (Dictionarium biographicum). Ad fidem cod. Escurial. arab. nunc primum ed. et instr. Fr. Codera. Vol. 1. Pars 1. Matriti 1882. gr. 8°.		9. —
Die Fortsetzung dieses wichtigen Werkes kann nach Erscheinen von mir bezogen werden.		
488 **Abou Chodja.** Précis de jurisprudence musulmane. Texte arabe, av. traduct. et annotatt. p. S. Kejzer. Leyde 1859. 8°. (3 fl.)		2. 50
489 **Abou 'L-Walid** (de Cordoue). Opuscules et traités. Texte arabe av. trad. franç., introduction (CXXIV pag.) et notes publ. p. Jos. et Hartw. Derenbourg. Paris, Impr. Nation., 1880. gr. 8°.		15. —
490 **Abou Zakaria.** Chronique, traduite p. la 1e fois et commentée p. E. Masqueray. Alger 1878. gr. 8°. 440 pag.		10. —
491 **Abu Ishâk Âs-Shîrâzî.** At-Tanbîh, Jus Shafiiticum. Arab., e cod. Leid. et cod. Oxon. ed. A. W. T. Juynboll. Lugd. B. 1879. gr. 8°. (5¼ flor.)		6. —
492 **Abul-Baka Ibn Jais.** Commentar zu d. Abschnitt üb. das Hâl aus Zamachsari's Mussafal. Zum 1. Mal hrsg. m. Uebersetz. u. Scholien v. G. Jahn. Halle 1873. 4°. (6 M.)		2. 50
493 **Abulfathi** Annales Samaritani. Arabice. Edid. et prolegg. uberr. instr. Ed. Vilmar. Gothae 1865. 8°. (9 M.)		3. —
494 **Abulfeda.** Historia anteislamica. Arab. et lat. Edid. et ill. H. O. Fleischer. Lips. 1831. 4°.		4. —
495 **Abulfedae** Africa, arabice, cur. J. G. Eichhorn. Gott. 1791. 8°. cart.		1. —
496 **Abu-l Hasan** Ibn Abi Zer' Fesan. Annales regum Mauritaniae. Arab. et lat. Ed. et var. lect. et comm. instr. C. J. Tornberg. 2 vol. Upsal. 1843—46. 4°. Sarsbd. u. br.		18. —
497 — Primordia dominationis Murabitorum. Arab. et lat., ed. C. J. Tornberg. Upsal. 1839. 4°. (S.-A.)		3. —

Antiquarischer Catalog Nr. 93.

Arabisch.

			M.	₰
198	**Abu-L-Hhassan** Ibn Abi Zera. Primordia dominationis Murabitorum. Arab. et lat., ed. C. J. Tornberg. Upsal. 1839. — Ejusd. Annales regum Mauritaniae, ed. C. J. Tornberg. Vol. 1: Textus arab. Ibid. 1843. 4°. 1 Hfrzbd.		6.	—
199	**Abu 'l-Mahasin** ibn Tagri Bardii Annales. Arabice. E codd. mss. nunc prim. ed. Juynboll et Matthes. 2 vol. Lugd. B. 1852—61. gr. 8°. (36½ M.)		21.	—
200	**Abu 'L-Walid** Marwan Ibn Janah. The book of hebrew roots. Now first edit., w. crit. notes and extracts from other hebrew-arabic dictionaries by A. Neubauer. Oxf., Clarendon Press, 1875. 4°. Sarsbd. (47½ Sh.) Arabisch-hebräisches Wörterbuch des 11. Jahrh.		36.	—
201	**Abu Nasr Yahya** Ibn Harir al-Takriti. The 31. chapter of the book entitled the lamp that guides to salvation. Arab. text, ed. by W. Cureton. Lond. 1865. 8°. (3 Sh.)		1.	50
202	**Ahlwardt, W.** Ueb. Poesie u. Poetik d. Araber. Gotha 1856. 4°. (3¾ M.)		2.	—
203	**Alasma'i.** Kitab-al-Fark. M. Noten hrsg. v. D. H. Müller. Wien. Ac. 1876. 8°.		—	80
204	**Ali ben Abi Talebi** Sententiae. Arab. et lat. Ed. et annotatt. illustr. C. v. Waenen. Oxon. 1806. 4°. (24 M.)		6.	—
205	**Alii Ispahanensis** liber cantilenarum magnus. E cod. mss. arab. ed., translat. lat. et adnotat. adjec. J. G. L. Kosegarten. Vol. I. Gripeswold. 1840. 4°. Hfrzbd. (28½ M.) — Mehr ist nicht erschienen.		14.	—
206	**Amador de los Rios, R.** Inscripciones árabes de Sevilla. Madrid 1875. gr. 8°. M. 8 Taf. 270 pag.		8.	—
207	**Amari, M.** Biblioteca arabo-sicula, ossia raccolta di testi arabici che toccano la geografia, la storia, le biografie et la bibliografia della Sicilia. Lips. 1857. 8°. Hfrzbd. (12 M.)		8.	—
208	— — Biblioteca arabo-sicula, ossia raccolta di testi arabici che toccano la geografia, la storia, la biografia e la bibliografia della Sicilia, tradotti in Ital. Vol. I. Torino 1880. gr. 8°.		12.	—
209	**Anecdota** zur Geschichte d. mittelalterlichen Scholastik unter Juden u. Moslemen. Aus hebr. u. arab. Handschr. hrsg. v. F. Delitzsch. Leipz. 1844. 8°. (9 M.)		5.	50
210	**Antarae** Moallakah. Arab. et lat., c. scholiis Zouzenii et variet. lect. ed. V. E. Menil. Observationes adjec. J. Willmet. Lugd. B. 1816. — Vorgeb.: Amrilkaisi carmen quartum. Arab. et lat., ed. et ill. F. A. Arnold. Halae 1836. 4°. Hfrzbd.		6.	—
211	**Arabian Nights' Entertainments** (1001 Nights). Translat. from the Arabic with copious notes by E. W. Lane. Illustrated by many hundred engravings on wood by W. Harvey. 3 vol. Lond. 1839—41. roy. 8°. Hfrzbde. Sauberes Ex. Die schöne u. sehr gesuchte Originalausgabe. Vergriffen u. selten.		60.	—
212	— the **Thousand and one nights** or the arabian nights entertainments. A new ed. adapted to family reading. Boston 1869. 8°. W. engrav. Sarsbd.		3.	—
213	**ebn-Arabschah.** Fructus imperatorum et jocatio ingeniosorum. Primum ed. et adnot. crit. instr. G. G. Freytag. 2 vol. Bonn. 1832—52. 4°. (24 M.)		15.	—
214	**Averroe.** Il commento medio alla Poetica di Aristotele. Parte I. Testo arabo c. note, pubblic. da F. Lasinio. Pisa 1872. gr. 4°. (S.-A.) (15 fr.)		8.	—
215	— Philosophie u. Theologie. A. d. Arab. übers. von M. J. Müller. Münch. Ac. 1875. 4°. (4¾ M.)		3.	—
216	**Bardenhewer.** In Hermetem Trismeg. prolegom. una cum capitibus nondum editis. Bonn. 1873. 8°.		—	80
217	**Baudissin, W. W. Graf v.** Eulogius u. Alvar. Ein Abschnitt spanischer Kirchengesch. a. d. Zeit d. Maurenherrschaft. Leipz. 1872. gr. 8°. (4 M.)		2.	50
218	**Beha-Eddin** al Aamouli. Kholacat al Hissab, ou quintessence du calcul, trad. et annoté p. Arist. Marre. 2. éd. revue. Rome 1864. gr. 8°. (5 fr.)		3.	—
219	**Beidhawii** Commentarius in Coranum. Ex codd. ed. H. O. Fleischer. 2 tom. 1 vol. et Indices curante W. Fell. Lips. 1846—78. 4°. (66½ M.)		40.	—
220	**al-Beládsorí.** Liber expugnationis regionum. Ed. M. J. de Goeje. Lugd. Batav. 1866. 4°.		21.	—
221	**v. Bergmann.** Beiträge zur muhammed. Münzkunde. Wien. Ac. 1837. 8°. M. Taf.		1.	—

Arabisch.

M. ₰

222 **Bibliotheca Arabico-Hispana.** Tom. I. Pars 1. Aben-Paschualis Assila (Dictionarium biographicum). Ad fidem cod. Escurial. arab. nunc primum ed. et instr. Fr. Codera. Pars 1. Matriti 1882. gr. 8°. 9. —
  Die Fortsetzung dieses wichtigen Werkes kann nach Erscheinen von mir bezogen werden.

223 **Bidpai.** Calila et Dimna. Publ. en arabe av. notes crit. etc. p. Silv. de Sacy. Paris 1816. 4°. Hfrzbd. Vergriffen. 18. —

224 — **Guidi, J.** Studii sul testo arabo del libro di Calila e Dimna. Con testo arabo. Roma 1873. gr. 8°. Ppbd. 100, LXI pag. 5. —

225 **Bocthor, Ell.** Dictionnaire français-arabe, revu et augmenté p. A. Caussin de Perceval. 2 tom. 1 vol. Paris 1828—29. 4°. Frzbd. 14. —

226 **Bohadini** Vita et res gestae Sultani Saladini, nec non excerpta ex Abulfeda etc. Arab. et lat., c. ind. geogr. locuplet. ed. A. Schultens. Lugd. Bat. 1755. fol. Hfrzbd. 7. 50

227 **el-Bokhâri.** Recueil des traditions Mahométans. (Texte arabe.) Publié par L. Krehl. 3 vol. Leyde 1862—68. 4°. cart. (46½ fl.) 50. —

228 **Buhl, Fr.** Sproglige og histor. bidrag til d. arab. grammatik med udvalgte tekststükker af Ibn-al-Hagibs As-Safija. Leipz. 1878. 8°. (4½ M.) 3. —

229 **Burckhardt, J. L.** Arabic proverbs, or the manners and customs of the modern Egyptians, illustrated from their proverbial sayings. Arab. and engl. w. explan. 2. ed. Lond. 1875. 8°. Sarsbd. (18 Sh.) 13. 50

230 **Campaner y Fuertes, A.** Numismatica balear. Descripcion histor. de las monedas de las Islas Baleares, acunadas dur. las dominaciones punica, romana, arabe, aragonesa y espanola. Palma de Mallorca 1879. 4°. Mit 14 Taf. (ca. 200 Münzabbild.) XLIV. 360 pag. 22. —

231 **Casiri, M.** Bibliotheca arabico-hispana Escurialensis, s. librorum omnium Mss., quos arabice compositos Biblioth. Coenob. Escurial. complectitur, recensio et explanatio. 2 vol. Matriti 1760—70. fol. Hfrzbde. unbeschn. 30. —
  Geschätzt wegen der zahlr. arab. Auszüge (mit lat. Uebersetz.).

232 **Castiglioni.** Mémoire géograph. et numismat. s. la partie orient. de la Barbarie, appelée Afrikia par les Arabes. Milan 1826. 8°. 128 pag. 2. —

233 — Dell' uso cui erano destinati i vetri con epigrafi cufiche, e della origine, estensione e durata di esso. Mil. 1847. 4°. C. 3 tav. 67 pag. 2. 50

234 **el-Cazwini's** Kosmographie. Nach d. HSS. hrsg. v. F. Wüstenfeld. 2 Thle. in 3 Bdn. Gött. 1848—49. gr. 8°. (25 M.) 9. —

235 **Chronicon Samaritanum** arabice conscriptum, cui titulus est Liber Josuae. Arab. et lat. Primum ed. et annott. instr. Th. G. Juynboll. Lugd. B. 1848. 4°. cart. (13½ M.) 6. —

236 **Cludius, H. H.** Muhammeds Religion aus d. Koran dargelegt u. erläutert. Alt. 1809. 8°. Ppbd. (7½ M.) 1. 50

237 **Codera y Zaidin, Fr.** Tratado de numismatica arabigo espanola. Madrid 1879. 8°. M. 24 Taf. (ca. 254 Münzabb.) XXIV. 320 pag. 22. —

238 — Cecas arábigo-espanolas. Madrid 1874. 8°. 54 pag. 2. 50

239 — Titulos y nombres propios en las monedas arabigo-espanolas. Madrid 1878. gr. 8°. 86 pag. 5. —

240 **Coranus.** Textus universus, ex correctioribus Arabum exemplaribus descriptus et lat. translatus, appositis notis etc. Praemissus est prodromus. auct. L. Marraccio. 2 tom. 1 vol. Patav. 1698. fol. Hfrzbd. 20. —
  Brunet: Edition très-recherchée et peu commune. 88 fr. Langlès. 70 fr. Reina.

241 — Arabice. Recensionis Flügelian. textum recognitum iterum exprimi cur. G. M. Redslob. Lips. 1837. gr. 8°. Sarsbd. (15 M.) M. Randnotizen. 9. —

242 — Translated, with notes by J. M. Rodwell. 2. revised ed. Lond. 1876. gr. 8°. Sarsbd. (12 Sh.) 9. —

243 — Translated by E. H. Palmer. 2 vol. Oxford, Clarendon Press, 1880. 8°. Sarsbde. (21 Sh.) — Sacred Books of the East. Vol. 6. 9. 16. —

244 — **Nöldeke, Th.** Geschichte d. Qorâns. Gött. 1860. 8°. (6 M.) — Gekr. Preisschrift. 3. 50

245 **Daumas, E.** La vie arabe et la société musulmane. Paris 1869. gr. 8°. (7½ fr.) 4. —

246 **Derenbourg, H.** Essai sur les formes des pluriels arabes. Paris 1867. 8°. (S.-A.) 2. —

Antiquarischer Catalog Nr. 93.

Arabisch. 11

247 **Djemal Eddin** Abu Amru Othman Ben Hadjeb el Saliki. Res principes syntaxis arabicae. Bulak 1863. 4°. cart. 32 Bll. Arabice. 5. —
248 **Dozy, R.** Supplément aux dictionnaires arabes. 8 livraisons. Leyde 1877—81. 4°. (134 M.) 95. —
    Dieses für Arabisten unentbehrliche Werk berücksichtigt vornehmlich die nachclassische arab. Literatur des Mittelalters.
249 — Notices s. qq. manuscrits arabes. Leyde 1851. 8°. 5. —
    Extraits de l'ouvrage: Al-Hollato siyara, p. Ibn-'l-Abbar. 260 pag.
250 — Histoire des Musulmans d'Espagne jusqu'à la conquête de l'Andalousie par les Almoravides (711—1110). 4 vol. Leyde 1861. 8°. (44½ fl. holl.) 9. —
251 — Geschichte d. Mauren in Spanien bis zur Eroberung Andalusiens durch d. Almoraviden (711—1110). 2 Bde. Leipz. 1874. gr. 8°. (21 M.) 9. —
252 — Die Israeliten zu Mekka von Davids Zeit bis in's 5. Jahrh. n. Chr. Beitrag zur alttestamentl. Kritik u. Erforschung d. Ursprungs des Islams. Aus d. Holländ. Leipz. 1864. gr. 8°. (6 M.) 3. 50
253 — Le Cid d'après de nouveaux documents (arabes). Nouv. éd. Leyde 1860. 8°. (6½ M.) — Mit arab. Texten. 4. 50
254 **Dschordschani, Ali B. Moh.** Definitiones. Prim. ed. et annott. crit. instr. G. Flügel. Lips. 1845. gr. 8°. (11 M.) 3. —
255 **Ebu Medini** Sententiae, arab. et lat., primum edid. F. de Dombay. Vindob. 1805. 8°. Ppbd. 1. —
256 **Ecchellensis, Abr.** Synopsis propositorum sapientiae Arabum philosophorum inscripta. Arab. et lat. Paris. 1641. — Acc.: **Epochae** celebriores astronomis, histor., chronologis Chataiorum, Arabum, Persarum etc. usitatae, ex trad. Ulug Beigi. Arab. et lat., rec. et ill. J. Gravius. Lond. 1650. — **Abulfedae** Chorasmiae et Mawaralnahrae h. e. regionum extra Oxum descriptio. Arab. et lat. Lond. 1650. 4°. Hfrzbd. Wurmstichig. 5. —
257 **Edrisi.** Description de l'Afrique et de l'Espagne. Texte arabe, av. une traduct. franç., des notes et un glossaire publ. p. R. Dozy et M. J. de Goeje. Leyde 1866. gr. 8°. 12. —
258 **Elchakir** Ali Ritaufi. Grammatischer Tractat. Arabisch. Bulacq (?) 1253. 4°. 198 pag. 3. —
259 **Elfachri.** Geschichte d. islamischen Reiche. Arabisch. Hrsg. v. W. Ahlwardt. Gotha 1860. gr. 8°. (15 M.) 8. —
260 **Erpenii, Th.** Arabicae linguae tyrocinium i. e. grammatica arabica. Acced. adagia arab., suratae ex Corano, carmen Abulolae etc., arab. et lat. Lugd. Bat. 1656. 4°. Hfrzbd. M. handschr. Not. 2. 50
261 **Flügel, G.** Geschichte d. Araber bis auf d. Sturz d. Chalifats von Bagdad. 2. umgearb. Aufl. Leipz. 1867. 8°. (5¼ M.)
262 — Ueb. Muhammad bin Ishâk's Fihrist al-ulûm. Leipz. 1859. gr. 8°. (A.) 92 pag. 1. —
263 **Fragmenta** arabica. E codd. MSS. Paris. nunc prim. ed. D. R. Henzius. Petrop. 1828. 8°. Ppbd. Selten. 3. —
264 **Fragmenta** historicorum arabicorum. Vol. II., cont. partem VI. operis Tadjaribo 'l-Omami, auct. Ibn Maskowaih, c. indd. et glossario, ed. J. de Goeje. Lugd. B. 1871. 4°. (7½ fl. holl.) 6. —
265 **Frähn, C. M.** Beitr. z. muhamedan. Münzkunde. Berl. 1848. 4°. M. Taf. 1. 50
266 **Freytag, G. W.** Lexicon arabico-latinum. 4 tom. 2 vol. Halis 1830—37. 4°. Hfrzbde. Schönes Ex. 65. —
267 — Lexicon arab.-latin. ex opere majore excerptum. Halis 1837. 4°. 12. 50
268 **Friederich, R. et L. W. C. v. d. Berg.** Catalogus codicum arab. Societatis scientiarum quae Bataviae floret. Batav. 1873. 8°. 2. 50
269 **Gildemeister, J.** De evangeliis in arab. e simplici syr. translatis. Bonn. 1865. 4°. (3 M.) 2. —
270 — Arab. Inschriften auf Elfenbeinbüchsen. Bonn 1870. 4°. M. Taf. (S.-A.) 1. —
271 **Girgas** u. **Rosen.** Arab. Chrestomathie. 2 Bde. St. Petersb. 1875—76. gr. 8°. 9. —
    Ca. 37 Bogen arabischer Texte, m. russ. Einleit.
272 **Goldenthal, J.** Grammaire arabe, écrite en hébreu, à l'usage des Hébreux de l'Orient. Vienne 1857. 8°. (4 M.) 2. —
273 **Goldziher, J.** Beitr. zur Gesch. d. Sprachgelehrsamkeit bei d. Arabern. II. III. Wien. Ac. 1872—73. 8°. 1. —

Otto Harrassowitz in Leipzig.

12 Arabisch.

M. ₰

274 **Goldziher, J.** Beiträge zur Literaturgesch. d. Sîa u. d. sunnit. Polemik. Wien. Ac. 1874. 8°. — 1. —
275 **Golii, J.** Lexicon arabico-latinum. Lugd. B., Elsevir, 1653. fol. Frzbd. Selten. — 16. —
276 **Gorguos, A.** Cours d'Arabe vulgaire. 2 vol. (Grammaire, thèmes av. voc. fr.-ar., versions ar., vocab. ar.-fr.) Paris 1850—57. 8°. cart. Titel beschrieben. (8 fr.) — 2. 50
277 **Gosche, R.** Die Kitab al-awail, eine literarhistor. Studie. (Mit d. arab. Text.) Halle 1867. 8°. (A.) — 1. —
278 **Grünert, M. Th.** Die Imâla, d. Umlaut im Arab. Wien. Ac. 1876. 8°. — 1. —
279 **Guyard, St.** Nouvel essai s. la formation du pluriel brisé en Arabe. Paris (Ecole des hautes études) 1870. gr. 8°. — 1. 50
280 **al-Hadirae** Diwanus, cum Al-Yezidii scholiis. Arab. et lat., rec. et annot. illustr. G. H. Engelmann. Lugd. B. 1858. 8°. — 1. —
281 **Haji Khalfa.** Lexicon bibliograph. et encyclopaedicum. Arabice et latine. Edid. et commentario indicibusque instr. G. Flügel. 7 vol. Leipz. 1835 —58. 4°. Sarsbde. — 80. —
282 **Hamasa** oder d. ältesten arab. Volkslieder, gesammelt v. Abu Temmam, übers. u. erläut. v. Fr. Rückert. 2 Bde. Stuttg. 1846. gr. 8°. (12 M.) 4. —
283 **Hammer-Purgstall, J. v.** Literaturgeschichte d. Araber. 7 Bde. Wien 1850—57. 4°. (169 M.) — 100. —
284 — Ueb. d. Ueberlieferung d. Wortes Mohammeds. Wien. Ac. 1852. 8°. 1. —
285 — Ueb. d. arab. Wörter im Spanischen. Wien. Ac. 1854. 8°. Vergriffen. 1. 50
286 — Ueb. d. arab. Geographie v. Spanien. Wien. Ac. 1854. 8°. Vergriffen. 1. 50
287 **Hariri.** Séances, publ. en arabe, avec un commentaire choisi p. Silv. de Sacy. Paris 1822. fol. Frzbd. — Schönes Ex. dieser besten u. seltenen Ausgabe. — 40. —
288 — Durrat-al-Gawwas. M. Erläut. hrsg. v. H. Thorbecke. Leipz. 1871. gr. 8°. (18 M.) — 8. —
289 — Narrationum 6 priores et decas. Lat. ed. c. annot. Peiper. 2 partt. Ed. 2a. Cervim. 1835—36. 4°. (8 M.) — 3. —
290 **Hezel, W. Fr. v.** Erleichterte arab. Grammatik nebst arab. Chrestomathie. 2. verb. Aufl. Leipz. 1825. 8°. Hfrzbd. — 1. —
291 **l'Histoire** Mahometane ou les 49 chalifes du Macine, trad. de l'Arabe p. P. Vattier. Paris 1657. — Histoire du Grand Tamerlan, trad. de l'Arabe p. le même. Paris 1658. 4°. — 8. —
292 **Historia** Jemanae sub Hasano Pascha. E cod. ms. arab. ed. et ill. A. Rutgers. Lugd. B. 1838. 4°. (8 M.) — 2. 50
293 **Houtsma, M. Th.** De strijd over het dogma in den Islâm tot op El-Ash'ari. Leid. 1875. 8°. — 2. —
294 **Humbert, J.** Arabica analecta inedita e 3 MSS. Genevens. Paris. 1838. gr. 8°. Vergriffen. — 4. —
295 **al-Jaqubii** Descriptio Al-Magribi sumta e libro regionum. Arab. et lat., c. annotatt. etc. ed. M. J. de Goeje. Lugd. B. 1860. 8°. (2 fl.) 2. —
296 — Kitabo'l-Boldan s. liber regionum. Nunc prim. arab. ed. A. W. T. Juynboll. Lugd. B. 1861. 8°. — 2. 50
297 **Ibn Abdolhakam.** De historia Aegypti antiqua. Arab. et lat. Ed. et notis illustr. Karle. Gott. 1856. 4°. — 1. 25
298 **Ibn Abi Osaiba.** Vita Abdollatiphi Bagdan. Arab. et lat. ed. J. Mousley. Oxon. 1808. 4°. — 3. —
299 **Ibn Achhari** al-Bayano 'l-Mogrib. Histoire de l'Afrique et de l'Espagne et fragments de la chronique d'Arib. Publ. p. la 1e fois, av. une introd. notes et un glossaire p. R. P. Dozy. 2 vol. Leyde 1848—51. 8°. 22. —
300 **Ibn Akîls** Commentar zur Alfijja des Ibn Malik. A. d. Arab. übers. v. F. Dieterici. Berl. 1852. 4°. (12 M.) — 6. —
301 **Ibn Albannâ.** Le Talkhys, trad. p. A. Marre. Rome 1865. 4°. (S.-A.) 2. 50
302 **Ibn-Badroun.** Comment. histor. s. Ibn Abdoun, publ. p. la 1. fois, av. une introduct., un glossaire et des notes p. R. P. Dozy. Leyde 1848. 8°. 18. —
303 **Ibn Doreid.** Kasida, m. Commentar, u. Zamachshari's Kitâb alsawâbigh. Neuere arabische Handschrift. 8°. Prgtbd. — 5. —

Antiquarischer Catalog Nr. 93.

Arabisch. 13

304 **Ibn Challikani** Vitae illustrium virorum, e pluribus codd. MSS. nunc prim. arab. ed. et variis lectt. etc. illustr. F. Wüstenfeld. Fasc. 1: Vitae 1—106. Gott. 1835. 4°. (5 M.) — Verriffen. 3. —
305 — Biographical dictionary, translat. from the Arabic by Mac Guckin de Slane. 4 vol. Paris 1843—71. 4°. cart. (130 M.) 60. —
306 **Ibn Coteiba.** Handbuch d. Geschichte. Aus d. Handschriften hrsg. v. F. Wüstenfeld. Gött. 1850. gr. 8°. (12 M.) 7. —
307 **Ibn Hischam.** Leben Mohammed's nach Mohammed Ibn Ishak. A. d. Arab. übers. v. G. Weil. 2 Bde. Stuttg. 1864. 8°. (17½ M.) 9. —
308 **Ibn Khacanis** Loci de Ibn Zeidouno. Arab. et lat., ed. et ill. H. E. Weyers. Lugd. B. 1831. 4°. (5½ flor. holl.) 3. —
309 **Ibn-Khaldoun.** Histoire des Berbères et d. dynasties musulmanes de l'Afrique septentrion. Texte arabe, publ. p. de Slane. 2 vol. Alger 1847—51. gr. 4°. Hlwdbde. unbeschn. Selten. — Maisonneuve 100 fr. 60. —
310 **Ibn-Khordadbeh.** Le livre des routes et des provinces. Texte arabe, av. introduct., trad. franç. et notes p. C. Barbier de Meynard. Paris, Journ. asiat., 1865. 8°. 278 pag. 10. —
311 — **Defrémery.** Remarques s. l'ouvrage géograph. d'Ibn Khordadbeh, et principal. s. le chapitre conc. l'empire byzantin. Paris, Journ. Asiat., 1866. 8°. 38 pag. 1. —
312 **Ibn el-Konthya.** Histoire de la conquête de l'Espagne par les Musulmans. Trad. de l'Arabe av. notes p. Cherbonneau. Paris, Journ. asiat., 1856. 8°. 54 pag. 1. 50
313 **Ibn-el-Vardi** Operis cosmograph. caput I de regionibus et oris. Arab. et lat. Ex cod. Upsal., c. variet. lectt. et indice geograph. ed. A. et S. Hylander. Lund. 1823. 4°. Frzbd. XII. 340 pag. — Aeusserst selten. 11. —
  Ursprünglich in 44 Dissertationen, 1784—1823, erschienen.
314 — Fragmentum libri Margarita mirabilium, prooemium, capita 2 ad 5 cont. Arab. et lat., c. var. lectt. e cod. Suchteleniano ed. C. J. Tornberg. 2 vol. Upsal. 1835—39. 8°. C. facs. Selten. 5. —
315 **Ibnol Faridh's** Taijet, d. i. das hohe Lied d. Liebe. Arab., nebst Uebersetz. u. Not. zum 1. Mal hrsg. v. Hammer-Purgstall. Wien 1854. 4°. Dedications-Ex. auf Velinpapier. 6. —
316 **Ibnu-l-Faridi** Carmen elegiacum c. comment. Abdu-l-Ghanyi e 2 codd. ed. G. A. Wallin. Helsingf. 1850. gr. 8°. 2. —
317 **Ibno'l-Kaisarani.** Homonyma inter nomina relativa, c. append. Abu Musae Ispah. ed. P. de Jong. Lugd. B. 1855. 8°. C. tab. facs. 3. 50
318 **Jessup, H. H.** (Missionary in Syria.) The women of the Arabs. Edit. by C. S. Robinson and J. Riley. Lond. 1874. 8°. With plates. Sarsbd. (10¼ Sh.) 6. —
  Enthält u. A. auch eine Auswahl von Poesien älterer u. neuerer arab. Dichterinnen, ferner „a children's chapter" enthaltend arab. nursery rhymes etc.
319 **Irving, W.** Das Leben Mohammed's. Leipz. 1850. 8°. Hsarsbd. (3 M.) 1. —
320 — Geschichte d. Kalifen bis z. Einfall in Spanien. Leipz. 1854. 8°. Hfrzbd. (3 M.) 1. —
321 **Kafravi** Commentarius in Adjrumijam. Bulak 1242. (1864.) 8°. Hldrbd. Arabisch. 6. —
322 the **Kamil** of El-Mubarrad. Edit. from the MSS. of Leyden, St. Petersburg, Cambridge and Berlin by W. Wright. Leipz. 1864—74. gr. 4°. (64 M.) — Einige Bogen staubfleckig. 36. —
323 **Kitâb-al-Fihrist.** Mit Anmerk. hrsg. v. G. Flügel, J. Roediger u. A. Müller. 2 Bde. Leipz. 1871—72. 4°. Wie neu. (84 M.) 40. —
324 **Kosegarten, J. G. L.** Chrestomathia arabica, c. lexico et annotatt. Lips. 1828. 8°. Ppbd. Vergriffen. 18. —
325 **Lagus, V.** Numi cufici aliaque Orientis monumenta vetera in Finlandia reperta. Leide 1878. 8°. (S.-A.) 1. —
326 **Lepsius, R.** Ueb. d. arab. Sprachlaute u. deren Umschrift. Berl. Ac. 1861. 4°. 1. 50
327 **Lexicon** geographicum, arabico editum. Edid. ex mss. codd. et ill. T. G. J. Juynboll et J. J. B. Gaal. 6 vol. Lugd. B. 1850—64. gr. 8°. (62 M.) 36. —
328 **Lindberg, J. Chr.** Essai s. les monnaies coufiques frappées p. les émirs de la famille des Bouides. Copenh. 1844. 8°. Av. pl. (A.) 78 pag. 2. —

Otto Harrassowitz in Leipzig.

14 Arabisch.

329 **al-Makkari**. Analectes s. l'histoire et la littérature des Arabes d'Espagne. Publ. R. Dozy, G. Dugat, L. Krehl et W. Wright. 2 vol. Leyde 1855—61. 4°. Sarsbde. (60 fl.) — 70. —
330 — **Dozy, R.** Lettre à Fleischer cont. des remarques crit. et explicat. s. le texte d'Al-Makkari. Leyde 1871. 8°. — 4. —
331 **Maltzan, H. v.** Reise nach Südarabien u. geogr. Forschungen in u. üb. d. südwestl. Theil Arabiens. Braunschw. 1873. 8°. M. Karte. (12 M.) 5. —
332 **El-Masudi's** Histor. encyclopaedia, entitled »Meadows of gold and mines of gems.« Translat. from the Arabic by A. Sprenger. Vol. I. (all publ.) Lond. 1841. 8°. Ppbd. (16 M.) 4. —
333 **Mehemmed-Edib** ben Mehemmed. Kitâb Menassik el-Hadj. Itinéraire de Constantinople à la Mecque. Extrait de l'ouvrage turc, traduit p. Bianchi. Paris 1825. 4°. (A.) 89 pag. 3. —
334 **Mehren, A. F.** Die Rhetorik d. Araber. Nebst lit.-geschichtl. Anhange. Kopenh. 1853. gr. 8°. Mit 144 Seiten arabischer Textauszüge. 4. —
335 — Den pyrenaeiske halvö, sammenlignende geographisk studie efter Shems-ed-Din-Dimishqui og spansk-arab. geographer. Kjöbenh. 1864. 4°. 52 pag. Nicht im Handel. 2. —
336 — Câhirah og Kerâfat, historiske studier i Aegypten. 2 Hefte. Kjöbenh. 1870. 4°. M. Taf., 1 grossen Plan von Kairo u. zahlr. arab. Inschriften. 158 pag. — Nicht im Handel. 3. 50
337 — Syrien og Palestina. Studie efter en arabisk geograph af det 13. aarh. (Schems-ed-Din-Dimichqui). Kjöbenh. 1862. 4°. 90 pag. Nicht im Handel. 2. —
338 **Moallakât**, Septem. Carmina antiquiss. Arabum. Rec., scholia addid., annott. crit. adj. F. A. Arnold. Lips. 1850. 4°. (15 M.) 6. —
339 **Monumenta** antiquissimae historiae Arabum. Arab. et lat. Ed. et animadverss. ill. J. G. Eichhorn. Gothae 1775. 8°. Hfrzbd. 1. —
340 **Muh'ammad bin Daud.** Die Ajrumiyyah. Arabisch u. deutsch, m. Erläutgn. v. E. Trumpp. Münch. 1876. 8°. 2. —
341 **Müller, M. J.** Beiträge zur Geschichte d. westl. Araber. 2 Hefte. (Arabische Texte m. Lesarten etc.) München 1866—78. 8°. (9½ M.) 6. 50
342 — — Heft 1. (Arabische Texte mit Lesarten etc.) Münch. 1866. 8°. (5 M.) 2. 50
343 — Die letzten Zeiten v. Granada. (Arab. u. span. HS. aus d. Escurial m. deutsch. Uebersetz. d. Arab.) Münch. 1863. gr. 8°. (4½ M.) 2. 50
344 **Nasafi.** Umdatu'l-Akidat etc. Pillar of the creed of the Sunnites. Edit. in arabic by W. Cureton. Lond. 1843. 8°. cart. (5 M.) 3. —
345 **Niebuhr, C.** Beschreibung v. Arabien. Kopenh. 1772. 4°. M. Taf. (Inschriften etc.) u. Karten. Prgtbd. 3. —
346 **Nöldeke, Th.** Beiträge zur Kenntniss d. Poesie d. alten Araber. Hann. 1864. gr. 8°. (6 M.) 3. —
347 — Beitr. z. altarab. Litteratur u. Gesch. Gött., Orient u. Occid., 1862. 8°. 30 pag. 1. —
348 — Ueb. d. Kitâb Jamîni d. Abu Nasr ibn Abd al Utbi. Wien. Ac. 1857. 8°. 1. —
349 — Samaritan.-arab. Schriften d. hebr. Sprache betreff. Gött. 1862. 8°. (S.-A.) — 80
350 — Das Leben Mohammed's. Hann. 1863. 8°. 1. —
351 — Muhammed u. d. Islam. (Realencyklop. f. Theologie.) 8°. 53 pag. 1. —
352 **Oberleitner, A.** Chrestomathia arabica. Vol. II: Glossarium arab.-latin. Viennae 1824. 8°. (24 M.) 3 Bll. staubfleckig. 2. 50
353 **Opuscula arabica** (Ibn Doreid, Ibn Kaisan, Tabmann etc.), edit. from the MSS. of Leyden by W. Wright. Leyden 1859. 8°. 3. —
354 **Ouvrages Arabes.** Publ. p. R. P. A. Dozy. 3 tom. 2 vol. Leyde 1846 —51. 8°. Hfrzbde. (45¼ M.) 20. —
 Ibn-Badroun, Comment. histor. s. le poëme d'Ibn-Abdoun. — Ibn-Adhari. Histoire de l'Afrique et de l'Espagne. (Der arabische Text d. letzteren nicht vollständig.)
355 **Patkanian.** Essai d'une histoire de la dynastie des Sassanides, d'après les renseignements fournis p. les historiens arméniens. Trad. du Russe p. Ev. Prud'homme. Paris, Journ. Asiat., 1866. 8°. 138 pag. 1. 50
356 **Petermann, J. H.** Brevis linguae arabicae grammatica, litteratura, chrestomathia c. glossario. Berol. 1840. 8°. (4 M.) 1. 50

Arabisch. 15

M. ℳ

357 **Pentateuchus** secundum arab. vers. ab Abu-Sando conscr. Ed. A. Kuenen. Fasc. 1. 2. (omnia publ.) cont. Genesin, Exodum et Leviticum. Lugd. B. 1851—54. 8°. (4½ flor. holl.) — 4. —
358 **Pietraszewski, Ign.** Numi Mohammedani. Fasc. I. cont. numos Mamlukorum dynastiae, additis notabilior. dynastiarum Monvidarum etc. Berol. 1843. 4°. C. 15 tab. — 3. 50
359 **Poole, L. St.** Catalogue of the collect. of oriental coins belong. to C. S. Guthrie. 1: Coins of the Amawi khalifehs. Hertford 1874. gr. 8°. W. 5 pl. 38 pag. — Nicht im Handel. — 1. 50
360 **Qamus.** Das grosse arabische Wörterbuch, mit türkischer Auslegung. 3 Bde. Bulaq 1250. (1835.) fol. Oriental. Ldrbd. Die ersten 3 Bll. des 3. Bds. am Rande etwas lädirt, sonst wohlerhalten. — Geschätzte Ausg. 60. —
361 **Quatremère.** Notice d'un MS. arabe, contenant la description de l'Afrique. Paris, Not. et Extr., 1831. 4°. 227 pag. — 3. —
362 **Redslob, Th. M.** Die arab. Wörter m. entgegengesetzten Bedeutungen. Gött. 1873. 8°. — 1. —
363 **Reinaud.** Notices s. les dictionnaires géograph. arabes. Paris 1864. 8°. (S.-A.) 54 pag. — 2. —
364 — Notice sur Mahomet. Paris 1860. 8°. (Extr.) (3 fr.) — 1. 50
365 **Reiske, J. J.** Primae lineae historiae regnorum arabicor. et rerum ab Arabibus medio inter Christum et Muhammedem tempore gestarum. E MS. ed. et notis ill. F. Wüstenfeld. Gott. 1847. 8°. Ppbd. (4½ M.) — 2. —
366 **Relation** de Ghanat et des coutumes de ses habitans, trad. de l'Arabe p. A. Jaubert. Paris 1825. 4°. (A.) 14 pag. — 2. —
367 **Relations** anciennes des Indes et de la Chine de 2 voyageurs Mahometans (9e siècle). Trad. de l'Arabe avec des remarques (p. E. Renaudot.) Paris 1718. 8°. Frzbd. — 3. 50
Vgl. hierüber: Notices et extr. des MSS. du Roi. 1. 156—69.
368 **Rosenmüller, E. Fr. C.** Analecta arabica c. vers. lat. et notis. 3 vol. Lips. 1825—28. 4°. (10½ M.) — 4. —
369 **Ruphy, J. F.** Dictionnaire abrégé françois-arabe, à l'usage de ceux qui se destinent au commerce du Levant. Paris 1802. 4°. Hfrzbd. M. handschr. Anmerk. — 2. 50
370 **Sabbagh, M.** La colombe messagère plus rapide que l'éclair, plus prompte que la nue. Texte arabe av. trad. franç. et notes p. S. de Sacy. Paris 1805. 8°. Ppbd. — 2. 50
371 **de Sacy, Silv.** Grammaire arabe. 2 vol. Paris 1810. 8°. Av. 8 planch. Hfrzbde. Selten. — 10. —
372 — — Vol. 1. Paris 1810. 8°. Hfrzbd. — 5. —
373 — Grammaire arabe. 2e éd. augm. 2 vol. Paris 1831. gr. 8°. Av. 8 pl. Frzbde. Selten. — 100. —
374 **Scheidii, J.** Glossarium arabico-lat. e lex. Goliano excerpt. Ed. 2a. Lugd. B. 1787. 4°. Ppbd. — 2. 50
375 **Scriptorum** Arabum loci de Abbadidis, nunc prim. edid. R. P. A. Dozy. 3 vol. Lugd. B. 1846—63. 4°. — 22. —
376 **Sédillot.** De l'algèbre chez les Arabes. (Journ. Asiat. 1853.) 8°. 34 pag. 1. —
377 **al-Shahrastani.** Book of religious and philosophical sects. Now first edited from the collation of several MSS. by W. Cureton. 2 parts. 1 vol. Lond. 1846. gr. 8°. cart. (30 Sh.) — 16. —
378 **Sharhu Tazhariyoh.** Explication de la grammaire arabe. (En arabe.) Bulak. 4°. Hldrbd. — 3. —
379 **as-Sojutius.** De nominibus relativis. Arab. c. annot. crit. ed. P. J. Veth. 3 tom. 2 vol. Lugd. B. 1840—51. 4°. (22 M.) — 11. —
380 — Liber de interpretibus Korani. Ex MS. cod. Leidens. (arab.) ed. et ill. A. Meursinge. Lugd. B. 1839. 4°. cart. (8 M.) — 3. 50
381 **Soret.** Lettre à Tornberg s. qq. monnaies des dynasties Alides. S. l. 1856. 8°. (Extr.) — 1. —
382 **Sousa, J. de.** Documentos arabicos para a historia portugueza. Arab. e portug. Lisboa 1790. 4°. — 6. —
383 **Sprenger, A.** Das Leben u. d. Lehre des Mohammad. 2. Ausg. 3 Bde. Berl. 1869. gr. 8°. (24 M.) — 16. —

Himjarisch.

384 **Sprenger, A.** The life of Mohammad from original sources. Allahabad 1851. 8°. 240 pag. (7½ Sh.) — 3. —
385 **Sprichwörter**, Arabische, u. Redensarten. Hrsg. u. erklärt v. A. Socin. Tübing. 1878. 4°. — 2. —
386 **Szafieddini** Carmen arab. ad Sultanum Schemseddin Abulmekarem. Arab. lat. et german., ed. et illustr. G. H. Bernstein. Lips. 1816. fol. (7¾ M.) 2. —
387 **Tabari.** Geschichte d. Perser u. Araber zur Zeit d. Sasaniden. A. d. Arab. übers. u. m. ausführl. Erläutgn. u. Ergänzungen v. Th. Nöldeke. Leyd. 1879. gr. 8°. Hsarsbd. (12 M.) — 9. —
388 **Ta'Lab's** Kitâb al-Fasih. Thl. I. M. Noten hrsg. v. J. Barth. Berl. 1875. 8°. 1. —
389 **Testamentum Novum.** Arabice. London 1727. 4°. Frzbd. — 5. —
Eine der ersten Publicationen der English and foreign Bible-Society. Es wurden hiervon angeblich 10000 Ex. gedruckt u. nach dem Orient gesandt; trotzdem ist sie selten geworden.
390 — — Lond. 1823. 8°. Ldrbd. — 1. 50
391 **Taalibii** Syntagma dictorum brevium et acutor. Arab. et lat. Ed. et ill. J. J. Ph. Valeton. Lugd. B. 1844. 4°. (4¾ fl.) — 3. —
392 — Lataifo 'l-ma' arif. Arab. Ed. et illustr. P. de Jong. Lugd. B. 1867. 8°. 2. 50
393 **Thalebi.** Tableau littéraire du Khorassan et de la Transoxiane au 4. siècle de l'Hégire. Trad. de l'Arabe p. C. Barbier de Meynard. Paris, Journal As., 1853. 8°. 70 pag. — 2. —
394 **Tograei** Poëma. Arab. et lat. C. scholiis et notis ed. H. v. d. Sloot. Franeq. 1769. 4°. Hprgtbd. — 2. —
395 **Trumpp.** Beiträge zur Erklärung d. Mufassal (nebst Uebers.) 1878. 8°. (S.-A.) 120 pag. — 2. 50
396 **Uylenbroek, P. J.** Dissert. de Ibn Haukalo geographo nec non Descriptio Iracae Persicae (arab. et lat.). Lugd. B. 1822. 4°. (7¼ fl. holl.) — 3. —
397 **(Venturini.)** Muhammed Abul Casem, d. grosse Prophet v. Mekka. 2 Bde. Mekka 1802—3. 8°. Ppbde. (13 M.) — 1. 50
398 **Wakidii** Liber de expugnatione Memphidis et Alexandriae. Arab., ex cod. Lugd. ed. et illustr. H. A. Hamaker. Lugd. B. 1825. 4°. (8¼ fl. holl.) 6. —
399 **Weil, G.** Mohammed d. Prophet, aus handschriftl. Quellen u. d. Koran. Stuttg. 1843. 8°. M. arab. Textheil. (9 M.) — 5. —
400 — Geschichte d. islamit. Völker von Mohammed bis zur Zeit d. Sultan Selim. Stuttg. 1866. gr. 8°. (7¼ M.) — 4. —
401 **Willmet, Jo.** Lexicon linguae arabicae in Coranum, Haririum et vitam Timuri. Rotterod. 1784. 4°. Hfrzbd. — 10. —
402 **Wöpcke, F.** Passages relat. à des sommations de séries de cubes extraits de 5 MSS. arabes inédits de la Bibl. Imp. à Paris et du British Museum. 2 partt. Rome 1864. 4°. (S.-A.) — 2. 50
403 **Wüstenfeld, F.** Ueb. d. Leben u. d. Schriften d. Scheich Abu Zakarija Jahja el Nawawi. Gött. 1849. gr. 8°. — 1. —
404 — Das Gebiet von Medina, nach arab. Geographen. Gött. Ac. 1873. 4°. M. Karte. (4 M.) — 2. —
405 **Zamakhschari.** Les colliers d'or. Texte arabe av. traduction franç. et comm. philol. p. C. Barbier de Meynard. Paris 1876. 8°. — 6. —
406 — Lexicon arab.-persicum. Ex codd. edid. et ind. arab. adjec. J. H. Wetzstein. Lips. 1850. 4°. (27 M.) — 15. —
407 — Lexicon geographicum. Arab. Nunc prim. ed. et ill. M. S. de Grave. Lugd. B. 1856. 8°. — 3. —

Himjarisch. — Maltesisch.

408 **Forster, C.** Historical geography of Arabia. With appendix containing translations of Himyaritic inscriptions, alphabet and glossary. 2 vol. Lond. 1844. gr. 8°. M. Taf. u. Karten. Sarsbde. (30 M.) — 14. —
409 **Gesenius, W.** Ueb. d. Himjarit. Sprache u. Schrift. 1841. (S.-A.) 43 pag. 1. —
410 **Inscriptions** in the Himyaritic character discovered in Southern Arabia. 8 plates. London 1863. fol. obl. cart. (25 Sh.) — 16. —

Antiquarischer Catalog Nr. 93.

Abessinische Sprachen.

M. ₰

411 **Bres, O.** Malta antica illustrata co' monumenti, e coll'istoria. Rom. 1816. 4°. Mit Münz- u. Inschriftentaf. Hlwdbd. — 10. —
412 **Gesenius, W.** Versuch üb. d. maltesische Sprache. Leipz. 1810. 8°. — 1. —
413 **It-Triek** tal Genna ghal coll nisrani li jxtiek isalva ruhn mictub minn R. Taylor. Malta 1860. 32°. Ppbd. 283 pag. — 2. —
414 **il Vangelo** secondo San Giovanni, trad. in lingua ital. e maltese secondo la volgata. Londra 1822. 8°. — 1. 50
415 **Vassalli, M. A.** Mylsen phoenico-punicum, s. grammatica Melitensis. Romae 1794. 8°. — 5. —
416 — Grammatica della lingua Maltese. Ed. 2ª. Malta 1827. 4°. — 5. —

Abessinische Sprachen (Aethiopisch, Geez, Tigre etc.).

417 **v. Braunschweig, J. D.** Geschichte d. allgem. polit. Völkerlebens im Alterthum. 1. (einz.) Bd. Die äthiopische Völkerfamilie, Meroe u. Aegypten. Gotha 1830. 8°. (5¾ M.) — 2. 50
418 **Burckhardt, J. L.** Travels in Nubia. With maps, woodcuts (inscriptions) and vocabularies of african languages. Lond. 1819. 4°. Frzbd. — 12. —
419 **Catalogus** codd. MSS. aethiopicorum Biblioth. Bodleianae. Ed. A. Dillmann. Oxon. 1848. 4°. — 6. 50
420 **Cornill, C. H.** Mashafa Falasfa Tabiban. Das Buch d. weisen Philosophen, nach d. Aethiop. untersucht. Leipz. 1875. gr. 8°. M. Quellennachweisen. — 1. 50
421 **Dillmann, A.** Verzeichniss d. abessinischen Handschriften d. Kgl. Biblioth. zu Berlin. Berl. 1878. 4°. M. 3 col. Facs. cart. — Nicht im Handel. — 4. —
422 **Dorn, J. A. B.** De psalterio aethiopico. Lips. 1825. 4°. 70 pag. — 1. —
423 **Fetha Negest** i. e. Canon regum. Cap. 44 de regibus. Aethiop. et lat., ed. et annotatt. illustr. Fr. A. Arnold. Halis 1841. 4°. 48 pag. — 1. —
424 **Heliodori** Aethiopica. Gr. et lat., rec. et var. lect. adjec. Chr. G. Mitscherlich. 2 tom. 1 vol. Argentor. 1798. 8°. Hfrzbd. — 1. 50
425 **Henoch.** — Libri Enoch versio aethiopica. Edid. R. Laurence. Oxon. 1838. gr. 8°. Sarsbd. (7½ M.) — 2. —
  Handliche u. schön gedruckte Ausgabe aus d. Oxforder Universitäts-Druckerei.
426 — Aethiopice. Ad codd. fidem c. var. lect. edid. A. Dillmann. Lips. 1851. 4°. (6 M.) — 3. —
427 — Uebersetzt u. erkl. v. M. Dillmann. Leipz. 1853. 8°. (6½ M.) — 3. —
428 **Juncker, Chr.** Commentarius de vita scriptisque Jobi Ludolfi. In appendice etiam specimen linguae Hottentotticae. Lips. 1710. 8°. — 1. 50
429 **Liber Jubilaeorum.** Aethiopice. E libris Ms. primum ed. A. Dillmann. Kiliae 1859. 4°. (18 M.) — 10. —
430 **Munzinger, W.** Vocabulaire de la langue Tigré. Leipz. 1865. 8°. (3 M.) — 2. —
431 **Octateuchus** aethiopicus. Edid. A. Dillmann. 3 fasc. Lips. 1855. 4°. 12. —
432 **Physiologus.** Die aethiop. Uebersetz. n. ein. Lond., Pariser u. Wiener HS. hrsg., verdeutscht u. m. histor. Einleit. v. Fr. Hommel. Leipz. 1877. 8°. (16 M.) — 11. —
433 **Schrader, Eb.** De linguae aethiopicae c. cognatis linguis comparatae indole. Gotting. 1860. 4°. Ppbd. (4 M.) — 2. 25
434 **die Siegesinschrift** Kön. Pianchi v. Aethiopien, übertragen v. H. Brugsch-Bey. Gött. 1876. 8°. (S.-A.) — 1. —
435 **Stade.** Ursprung d. mehrlautigen Thatwörter d. Geeezsprache. Leipz. 1871. 8°. 72 pag. — 1. —
436 **Waldmeier, Th.** Wörter-Sammlung aus d. Agau-Sprache. St. Chrischona 1868. 8°. 29 pag. Nicht im Handel. — 2. —

III. Hamitische Sprachen.
Alt- u. Neuägyptisch, Koptisch etc.

437 **Abel, C.** Zur aegypt. Etymologie. Berl. 1878. 8°. — 1. —
438 — Zur aegyptischen Kritik. Berl. 1878. 8°. — 1. —

Otto Harrassowitz in Leipzig.

Alt- u. Neuägyptisch. Koptisch.

M. ℳ

439 **Abel, C.** Koptische Untersuchungen. 2 Thle. in 3 Bdn. Berl. 1876—77. gr. 8°. (30 M.) 10. —
    M. ausführl. Brief d. Verfassers an Benfey.
440 — — Bd. I. Berl. 1876. gr. 8°. (12 M.) 4. —
441 **Ampère.** Des castes et de la transmission hérédit. des professions dans l'Egypte. (Extr.) 16 pag. 1. —
442 **Benfey, Th.** Ueb. d. Verhältniss d. aegypt. Sprache zum semit. Sprachstamm. Leipz. 1844. 8°. Ppbd. (6 M.) 2. —
443 **Böckh, A.** Ueb. d. vierjähr. Sonnenkreise d. Alten, vorzügl. d. Eudoxischen. Beitr. z. Gesch. d. Zeitrechnung u. d. Kalenderwesens d. Aegypter, Griechen u. Römer. Berl. 1863. gr. 8°. (6 M.) 3. —
444 **Boller.** Die ägypt. Samml. in Wien nach ihr. inschriftl. Gehalte. — Denkmäler 3 Königinnen im aeg. Cab. 2 Thle. Wien. Ac. 1853. 8°. M. 5 Taf. 1. 50
445 **Brugsch, H.** Grammaire démotique cont. les principes généraux de la langue et de l'écriture popul. des anciens Egyptiens. Berl. 1855. 4°. Av. 3 pl. d'écritures et 10 pl. facs. cart. unbeschn. (75 M.) 42. —
446 — Inscriptio Rosettana hieroglyphica vel interpretatio decreti Rosettani. Acc. glossarium aegypt.-copt.-lat. Berol. 1851. 4°. C. 9 tabb. lithogr. (9 M.) 4. —
447 — Hieroglyphisch-demotisches Wörterbuch, enthalt. d. gebräuchlichsten Wörter u. Gruppen d. heiligen u. d. Volks-Sprache u. Schrift d. alten Aegypter nebst deren Erklärung in französ., deutscher u. arab. Sprache. 7 Bde. Leipz. 1867—82. 4°. Hfrzbde. (820 M.) 600. —
    Schönes Ex., sauber mit Schreibpapier durchschossen.
448. — Die Adonisklage u. d. Linoslied. Berl. 1852. 8°. M. Taf. 1. —
449 — Reiseberichte aus Aegypten. Leipz. 1855. 8°. M. Karte u. 3 Schrifttafeln. (7½ M.) 4. —
450 **Büdinger, M.** Zur egypt. Forschung Herodot's. — Egypt. Einwirkungen auf hebr. Culte. — v. Bergmann. Eine Sarcophaginschrift aus d. Ptolemäerzeit. Wien. Ac. 1872—76. 8°. 1. 25
451 **Bunsen, Chr. C. J.** Aegyptens Stelle in d. Weltgeschichte. Geschichtl. Untersuch. 5 Thle. in 6 Bdn. Hamb. u. Gotha 1845—57. 8°. M. 63 Taf. u. Urkundenbuch. Bd. 1—3 br., 4 u. 5 Hfrzbde. (60 M.) 40. —
452 **Champollion le Jeune.** L'Egypte sous les Pharaons, ou recherches sur la géographie, la religion, la langue, les écritures et l'hist. de l'Egypte avant l'invasion de Cambyse. 2 vol. Paris 1814. gr. 8°. Av. carte. Hfrzbde. Schönes Ex. dieses sehr seltenen Buches. 30. —
453 **Champollion-Figeac.** Explication de la date égyptienne d'une inscription grecque. Paris 1849. 8°. Av. pl. Ppbd. 47 pag. 1. —
454 **Ebers, G.** De dynastia 26ª regum Aegyptiorum. Berol. 1865. 4°. C. tab. hieroglyph. 1. —
455 **Erman.** De forma pluralis in lingua aegyptiaca. Berol. 1878. 8°. 30 pag. 1. —
456 **Evangelia, 4,** in dialecto linguae copticae memphitica perscripta. Ad codd. mss. ed. et adnot. crit., grammat. etc. illustr. M. G. Schwarze. 2 vol. Lips. 1846—47. 4°. (18¾ M.) 12. —
457 **Fragmentum** Evangelii Johannis graeco-copto-thebaicum saec. IV. C. vers. lat. et notis ed. A. Ant. Georgius. Romae 1789. 4°. C. 3 tabb. facsim. Hldrbd. 5. —
    Der frühere Besitzer hat beim Umbinden die SS. 301—457, enth. Liturgica alia fragmenta vet. Thebaid. eccles. laut handschriftl. Notiz am Schluss weggelassen, um d. Buch nicht zu stark zu machen.
458 **Hamilton, W.** Remarks on several parts of Turkey. Part I (only publ.): Aegyptiaca or an account of the ancient and modern state of Egypt. Lond. 1809. 4°. Ppbd. Die Taf. fehlen. — Lowndes Pfd. Sterl. 4. 2. 50
459 **Heeren, A. H. L.** Idées sur les relations polit. et commerciales des anciens peuples de l'Afrique. Trad. p. Desaugiers. 2 vol. Paris 1800. 8°. Av. carte. Hfrzbde. 3. —
460 **Henne von Sargans.** Manethós, die Origines unserer Geschichte u. Chronologie. Mit einer synopt. Tafel d. alten Chronologie. Gotha 1865. 4°. (9 M.) 2. 50
461 **Hincks, Edw.** On the years and cycles used by the ancient Egyptians. Dublin 1838. 4°. 46 pag. (S.-A.) 1. 50
462 **Jablonski, P. E.** Pantheon Aegyptiorum, c. prolegom. de religione et theologia Aegypt. 3 part. 1 vol. Francof. 1750—52. 8°. Prgtbd. 2. —

Antiquarischer Catalog Nr. 93.

Alt- u. Neuägyptisch. Koptisch.

		M. ₰
463	**Inscriptio Rosettana** hieroglyphica, ex Chaldaico ad verbum interpretatus est H. Parrat. Porrentruy 1852. 1 Blatt in gr.-fol.	1. —
464	**Jomard.** Observatt. sur le voyage au Darfour, suiv. d'un vocabul. Farnoni et d. remarques s. le Nil-Blanc supér. Paris 1845. 8°. Av. carte. 76 pag. (S.-A.)	1. 50
465	**Kenrick, J.** Ancient Egypt under the Pharaohs. 2 vol. Lond. 1850. gr. 8°. W. 4 pl. Sarsbde. (30 Sh.) — Vergriffen.	16. —
466	**Lacour, P.** Essai sur les hiéroglyphes égypt. Bordeaux 1821. 4°. Av. 14 planch. Frzbd. — Titel u. Frontispice aufgezogen. Einband lose.	4. —
467	**Lieblein, J.** Recherches s. la chronologie égyptienne d'après les listes généalogiques. Christ. 1873. gr. 8°. Av. 9 tables autograph. 147 pag. Vergr.	7. —
468	**Mariette-Bey, A.** Les Listes Géographiques des Pylônes de Karnak, compr. la Palestine, l'Ethiopie, le pays des Somâl. Av. trad. et notes. Leipz. 1875. 4°. Av. atlas de 3 pl. in-fol. cart. (30 M.)	20. —
469	**Nizzoli, Gius. de.** Le piramidi d'Egitto. 2ª ed. Parigi 1858. 8°. 54 pag.	1. —
470	— Memoria sopra di un cubito marmoreo della raccolta di monum. egizi. Parigi s. d. 8°. C. tav. (Extr.)	1. —
471	**Norden, Fr. L.** Travels in Egypt and Nubia. Translat. and enlarged with observations from ancient and modern authors by P. Templeman. 2 tom. 1 vol. Lond. 1757. fol. W. 161 plat. Hfrzbd. unbeschn. — Brunet: 96 fr. d'Holbach.	10. —
472	**Papyrus de Turin.** Facsimilés p. F. Rossi, av. explication, traduction et vocabulaire p. W. Pleyte. 1 vol. de texte et 1 vol. contenant 158 planch. facsim. Leyde 1869—76. roy.-4°. (140 flor.)	140. —
473	**Parrat, H. J. F.** Les 36,000 ans de Manéthon, suiv. des concordances synchron. des rois d'Egypte et des Hébreux. Porrentruy 1855. 8°. 34 pag.	1. 50
474	— Philologus chaldaicus, voces graecor. et latin. scriptor. quas dicunt aegyptiacas, chaldaice exponens. Mulhouse 1854. 4°. 22 pag. — Privatdruck.	1. 50
475	(—) Tabula Rosettana chaldaice, littera pro signo hieroglyfico expressa. Mulhouse 1852. 1 Bl. in gr.-fol.	1. —
476	**Parthey, G.** Aegypten beim Geographen von Ravenna. Berl. Ac. 1858. 4°.	1. —
477	**Perizonii, J.** Origines babylonicae et aegyptiacae. C. quibusdam additionibus C. A. Dukeri. 2 vol. Traj. ad Rh. 1736. 8°. Prgtbde. — Beste Ausgabe.	5. —
478	**Pfaff, J. W.** Hieroglyphik, ihr Wesen u. ihre Quellen. Nürnb. 1824. 8°. M. Taf.	1. 50
479	**Pierii Valeriani, J.** Hieroglyphica s. de sacris Aegypt. et aliar. gentium literis. Francof. 1678. 4°. C. figg. Prgtbd. 1200 pag.	3. —
480	**Pistis** Sophia. Opus gnosticum Valentino adjudicatum, e cod. MS. coptico Lond. c. vers. lat. M. G. Schwartzii ed. J. H. Petermann. Berol. 1851. gr. 8°. (20 M.)	10. —
481	**Prophetae majores,** in dialecto ling. aegypt. memphitica s. coptica, c. versione lat. ed. H. Tattam. 2 vol. Oxon., typogr. academ., 1852. gr. 8°. Lwdbde. (17 Sh.)	12. —
482	**Psalterium.** Coptice (dialectu memphit.) Rec. notisque crit. et grammat. illustr. M. G. Schwartze. Lips. 1843. 4°. (12 M.)	9. —
483	**Rask, R.** Die alte aegypt. Zeitrechnung. Altona 1830. 8°. Ppbd. 136 pag.	1. —
484	**Reuvens, C. J. R.** Lettres à Letronne s. l. papyrus bilingues et grecs et s. qq. autres monuments graeco-égypt. du Musée de Leyde. Leyde 1830. 4°. Av. un atlas in-fol.	20. —
485	**Riel, C.** Der Thierkreis u. d. feste Jahr v. Dendera. Leipz. 1878. 4°. M. Taf. (10 M.)	6. 50
486	**Rifaud, J. J.** Tableau de l'Egypte, de la Nubie et des lieux circonvoisins. Paris 1830. gr. 8°. Av. 1 carte. Pag. 1—60: Vocabulaire des dialectes vulgaires de la Haute-Egypte.	2. 50
487	**Saalschütz, J. L.** Zur Kritik Manetho's u. Hermapion's Obelisken-Inschrift. Königsb. 1849. 8°. M. Taf.	1. —
488	**Schwartze, M. G.** Darstellung u. Beurtheilung d. vornehmsten Entzifferungssysteme d. 3 altägypt. Schriftarten. 1. (einz.) Thl. in 2 Bdn. Leipz. 1843. gr. 4°. (120 M.)	40. —

Otto Harrassowitz in Leipzig.

20   Uebrige afrikanische Sprachen.

                                                                        M. ₰
489 **Schwartze, M. G.** Koptische Grammatik. Hrsg. v. Steinthal. Berl.
    1850. gr. 8⁰. (16 M.)   6. —
490 **Seyffarth, G.** Beiträge zur Kenntniss d. Literatur, Kunst, Mythologie u.
    Geschichte d. alten Aegypten. 7 Hefte. Leipz. 1826—40. 4⁰. M. 22 Taf.
    (47 M.)   12. 50
491 — Rudimenta hieroglyphices, acced. explicatt. speciminum hieroglyphicor.,
    glossaria atque alphabeta. Lips. 1826. 4⁰. C. 36 tabb. (31¼ M.)   8. —
492 **Uhlemann, M.** Handbuch d. gesammten aegypt. Alterthumskunde. 4 Thle.
    in 1 Bde. Leipz. 1857—58. 8⁰. M. 7 Taf. Hsarsbd. (19 M.)   7. —
493 — Ueb. Bildung d. altägypt. Eigennamen. Wien. Ac. 1859. 8⁰. Vergriffen. 1. —
494 **Weiss, Herm.** Geschichte d. Kostüms. Die Tracht, d. baulichen Einrich-
    tungen u. das Geräth d. vornehmsten Völker d. östl. Erdhälfte. Bd. 1.
    Berl. 1853. gr. 8⁰. (7 M.)   3. —
        Mehr ist nicht erschienen. Dieser Theil behandelt fast ausschliesslich Aegypten.
495 **White, J.** Aegyptiaca. Part I. Oxford 1801. 4⁰. M. 7 Taf. Frzbd. Mehr
    erschien nicht.   5. —
496 — — Dasselbe. Hfrzbd. Taf. 1—4 fehlt.   2. 50
497 **Wiedemann, A.** Hieratische Texte aus d. Museen zu Berlin u. Paris in
    Facsimile m. Uebersetz. u. Commentar. Leipz. 1879. 4⁰. M. 14 Taf. cart.
    (16 M.)   12. —
498 **Wilkinson, J. G.** Popular account of the ancient Egyptians, abridged
    from his larger work. 2 vol. London 1854. 8⁰. W. 500 woodc. Sarsbde. 10. —
499 — The Egyptians in the time of the Pharaohs. With an introduct. to the
    study of the egypt. hieroglyphs by S. Birch. Lond. 1857. 8⁰. W. 2 col.
    plates and 128 woodc. Sarsbd.   5. —
500 **Witsius, H.** Aegyptiaca s. Aegyptor. sacrorum c. hebraicis collatio. Ed.
    3ᵃ auct. Amst. 1717. 4⁰. Ppbd.   2. —
501 **Zeitschrift** f. aegypt. Sprache u. Alterthumskunde. Hrsg. v. C. R. Lepsius.
    Jahrg. 1—18. Leipz. 1865—80. 4⁰. M. Taf. Jahrg. 6—12 in 6 Hfrzbdn.,
    d. Rest broch.   150. —
        Mehrere Jahrgänge sind im Buchhandel vergriffen.
502 — — Jahrg. 6 u. 7, Januar — Mai. Leipz. 1868—69. 4⁰. M. Taf. Vergr. 25. —

IV. Uebrige Afrikanische Sprachen.

503 **Bleek, W. H. J.** Phonetic changes in the south-eastern african Bantu
    lang. (Philol. Soc.) — Report conc. the Bushman lang. (Cape of Good
    Hope). 1873. 8⁰. u. fol.   1. 50
504 **Burton, R. F.** Wit and wisdom from West Africa, or book of proverbial
    philosophy, idioms, enigmas and laconisms. Lond. 1865. 8⁰. Sarsbd. (12½ Sh.) 9. —
        Reiche Sprichwörtersammlung in den verschied. Sprachen Westafrikas. (Text,
        Uebersetzung u. Anmerkgn.)
505 **Christaller, J. G.** Twi Mrebusem etc. Collection of 3600 Tshi proverbs
    in use among the negroes of the Gold Coast speaking the Asante and Fante
    language. Basel 1879. 8⁰. Hlwdbd. 152 pag.   3. 25
506 **Clarke, J.** Specimens of dialects: short vocabularies of languages and
    notes of countries and customs in Africa. Berwick 1848. 8⁰. 104 pag. 2. 50
        Enthält u. A. die Zahlen 1—10 u. verschiedene Grundworte (z. B. man, woman,
        etc.) in 300 bis 400 Dialecten.
507 **Dard, J.** Grammaire wolofe (langue des Noirs de Sénégambie). Av. appen-
    dice s. les langues de l'Afrique septentrion. Paris 1826. 8⁰. Ppbd. 5. —
508 **Hahn, Th.** Die Sprache d. Nama. Leipz. 1870. 8⁰. (3 M.)   1. 50
509 **Hartmann, R.** Die Nigritier. Eine anthropol.-ethnol. Monographie. Bd. I.
    (einz.) Berl. 1876. gr. 8⁰. M. 52 Taf. (30 M.)   20. —
510 **Kolbe, F. W.** The vowels; their primeval laws and bearing on the for-
    mation of roots in Herero. 2 parts. Cape Town 1869—80. 8⁰. (A.) 42 pag. 2. 50
511 **Mitterrutzner, J. C.** Die Sprache d. Bari in Central-Afrika. Grammatik,
    Text u. Wörterbuch. Brixen 1867. 8⁰. Hfrzbd. m. Goldschn. (6¾ M.) —
    Dedicationsexemplar.   4. —
        Beigelegt eine kleinere Schrift in Bari-Sprache.

                        Antiquarischer Catalog Nr. 93.

Tungusich. Mandschuh. Mongolisch. Burjätisch. 21

M.

512 **Mitterrutzner, J. C.** Die Dinka-Sprache in Central-Africa. (Gramm., Text u. Wörterbuch.) Brixen 1866. 8°. Hlwdbd. (6¾ M.) 4. —
  M. eigenhänd. Brief d. Verfassers an Benfey.
513 **Müller, Fr.** 6 linguist. Abhandlungen. Wien. Ac. 1864—77. 8°. 2. 25
  Sprachen d. Basa, Grebo, Kru, Harari, Algonkin, Rom etc.
514 — Die Sprache d. Bari. (Grammat. Lesestücke. Gloss.) Wien. Ac. 1864. gr. 8°. 1. 50
515 **Nai-Keiti** neisa tsi Asa Testamens diti. The Calwer biblical history in the Nama-lang., ed. by J. G. Krönlein. Berl. 1866. 8°. Sarsbd. 2. 50
516 **Noble.** The Cape and its people and other essays by South African writers. Cape Town 1869. 8°. Sarsbd. 408 pag. 8. —
  Enth. auch eine Abhandlung: The Bushman language, by Bleek.
517 **Schreuder.** Grammatik for Zulu-Sproget, m. anmaerkn. af C. A. Holmboe. Christ. 1850. 8°. 88 pag. 2. 50
518 **Steere, Edw.** A handbook of the Swahili language, as spoken at Zanzibar. W. a Swahili-engl. diction. Lond. 1870. 8°. Sarsbd. (8 M.) 4. —
519 **Steinthal, H.** Die Mande-Neger-Sprachen, psychologisch u. phonet. betrachtet. Berl. 1867. gr. 8°. M. Anh., Sprachproben, Sprüchwörter etc. enthalt. (8 M.) 4. —

V. Ural-Altaische Sprachen.

Tungusisch. Mandschuh. Mongolisch. Burjätisch. Samojedische Sprachen.

520 **Altan Tobtschi:** Mongol. Chronik. Originaltext, m. russ. Uebersetz. v. Lama Galsan Gomboew, u. d. kalmück. Text d. Geschichte v. Ubaschi-Chuntaidschija. St. Petersb., Arbeit. d. orient. Abth. d. kais. archaeol. Ges. Bd. 6, 1858. 8°. Ppbd. 234 pag. 8. —
521 **Boller.** Die Pronominalsuffixe d. ural-altaischen Verbums. Wien. Ac. 1857. 8°. Vergriffen. 1. 50
522 **Castrèn, A.** Versuch ein. burjätischen Sprachlehre nebst kurzem Wortverzeichn. Hrsg. v. A. Schiefner. St. Petersb. 1857. gr. 8°. 3. —
523 — Grundzüge ein. tungus. Sprachlehre nebst Wörterverzeichniss. Hrsg. v. A. Schiefner. St. Petersb. 1856. gr. 8°. 2. —
524 **Evangelium** Matthaei in linguam calmucco-mongol. translatum ab J. J. Schmidt. Petrop. 1815. 4°. Hldrbd. — Brunet: Vendu 21 fr. Langlès. 25 fr. Remusat. 4. —
525 **Hiekisch, C.** Die Tungusen, eine ethnolog. Monographie. St. Petersb. 1879. gr. 8°. 3. —
526 **Kowalewski, J. Et.** Dictionnaire mongol-russe-français. 3 vol. Kasan 1844—49. gr. 4°. br. non rogn. 125. —
  Wohlerhaltenes Ex. dieses selten gewordenen Werkes. Maisonneuve 300 frcs. Quaritch 12 Pfd. Sterl. 12 Sh.
527 **v. Maydell's, G.**, Tungusische Sprachproben m. Uebersetz. u. Glossar, hrsg. v. A. Schiefner. St. Petersb. Ac. 1874. 8°. 55 pag. 1. 50
528 **Remusat, A.** Recherches sur les langues tartares ou mémoires s. diff. points de la gramm. et de la littérat. des Mandchous, d. Mongols, d. Ouigours et d. Tibétains. Tome 1 (seul paru). Paris 1820. 4°. Ppbd. Selten. — Maisonneuve 35 fr. 18. —
529 **Schiefner, A.** 6 Abhandlgn. über tatar.-mongol. Sprachen. (Tungus. Miscellen. Zur tatar. Lautlehre. Sprache d. Jukagiren etc.) St. Petersb. Ac. 1855—74. 8°. 1. 50
530 — Buddhistische Triglotte d. h. sanskrit-tibet.-mongol. Wörterverzeichniss. St. Petersb. 1859. schmal-fol. 1. 50
531 **Schmidt, J. J.** Grammatik d. mongolischen Sprache. St. Petersb. 1831. 4°. M. 4 Taf. Ppbd. 6. —
532 — Philolog.-krit. Zugabe zu d. 2 mongolischen Originalbriefen d. Könige v. Persien Argun u. Oeldshäitu an Philipp d. Schönen. St. Petersb. 1824. 8°. 1. —
533 **Sentences**, maximes et proverbes Mantchoux et Mongols, accomp. d'une traduct. franç., des alphabets et d'un vocabulaire. Publ. p. L. Rochet. Paris 1875. 8°. (8 fr.) 166 pag. 6. —

Samojedische Sprachen. — Türkische Sprachen.

M. ₰.

534 **Castrén, A.** Grammatik d. samojedischen Sprachen. Hrsg. v. A. Schiefner. St. Petersb. 1854. gr. 8°. Ppbd. (9 M.) — 6. —
535 — Wörterverzeichnisse aus den samojedischen Sprachen. Hrsg. von A. Schiefner. St. Petersb. 1855. gr. 8°. Ppbd. (6 M.) — 4. —
536 **Grammatik**, Samojedisch-russische, für Kirgisen. Kasan 1861. gr. 8°. 129 pag. — 4. 50
    Russisch u. samojedisch in gegenüberstehenden Columnen. Verfasser ist vermuthlich N. Z. Ilminski.

Türkische Sprachen.
(Jakutisch. Tschagataisch. Koibalisch. Kirgisisch. Uigurisch. Alt- u. Neutürkisch.)

537 **Baber, Zehir-Eddin Muh.** Denkwürdigkeiten. (1494—1529.) Aus d. Türkischen ins Engl. übers. v. Lejden u. Erskine, deutsch v. A. Kaiser. Leipz. 1828. gr. 8°. M. Karte. Ppbd. (11 M.) — 3. —
538 **Baki's** Diwan. Zum ersten Mahle a. d. Türk. verdeutscht v. J. v. Hammer. Wien 1825. 8°. Hfrzbd. — 2. —
539 **Berswordt, v. d.** Neueste Grammatik d. türkischen Sprache. Berl. 1839. 4°. (9 M.) — 5. —
540 **Böhtlingk, O.** Krit. Bemerkgn. zur 2. Ausg. v. Kasem-Bek's türk.-tatar. Grammatik. St. Petersb. 1848. gr. 8°. (Extr.) 80 pag. — 1. —
541 — Ueb. d. Sprache d. Jakuten. Grammatik, Textu. Wörterbuch. St. Petersb. 1851. 4°. Hfrzbd. (18 M.) — 13. —
542 das **Buch** d. Sudan, od. Reisen d. Scheich Zain el Abidin in Nigritien. A. d. Türk. v. G. Rosen. Leipz. 1847. 8°. Ppbd. — 1. —
543 **Castrén, Al.** Versuch ein. koibalischen u. karagassischen Sprachlehre, nebst Wörterverzeichn. aus d. tatar. Mundarten d. Minussinschen Kreises. Hrsg. v. A. Schiefner. St. Petersb. 1857. gr. 8°. Ppbd. (3¼ M.) — 2. 50
544 **Erdmann, Fr. v.** Temudschin d. Unerschütterliche. Nebst geogr.-ethnograph. Einleit., Anmerk. u. Beilagen. Leipz. 1862. 8°. (11 M.) — 6. —
545 **Fasli.** Gül u. Bülbül, d. i. Rose u. Nachtigall. Türkisch u. deutsch. Hrsg. v. J. v. Hammer. Pest 1831. 8°. Hfrzbd. (4¼ M.) — 2. 50
546 **Fink, L.** Türkischer Dragoman. Grammatik, Phrasensammlung u. Wörterbuch d. türk. Sprache. Leipz. 1872. 8°. — 1. 50
547 **Hindoglou, A.** Grammaire de la langue turke telle qu'elle est parlée à Constantinople. Paris 1834. gr. 8°. In 2 Hlwdbdn. 182 pag. — 5. 50
548 **Jaubert, A.** Elémens de la grammaire turke. Paris, Impr. Roy., 1823. 4°. Av. 5 pl. Ppbd. — 5. —
549 **Ilminski, J. J.** Materialien zur Erlernung d. Kirgisischen Dialects. Kasan 1861. gr. 8°. 199 pag. Russisch. — 4. —
550 **Klaproth, J.** Abhandlung üb. d. Sprache u. Schrift d. Uiguren. M. Wörterverzeichn. u. Sprachproben. Paris 1820. fol. (22¼ M.) — 12. —
551 **(Ostroumow.)** Versuch eines Wörterbuches d. tatarischen Volkssprache im Gouvernement Kasan. Kasan 1876. gr. 8°. 145 pag. — Russisch. — 5. —
552 **Pertsch, W.** Die oriental. (persischen u. türk.) Handschriften d. Herzogl. Bibliothek zu Gotha. 2 Bde. Wien 1859—64. 8°. — 3. —
553 **Piqueré, P. J.** Grammatik d. türkisch-osmanischen Umgangssprachen, nebst Anhang v. Gesprächen, Sprüchwörtern etc. Wien 1869. 8°. (5½ M.) — 2. 50
554 **Radloff, W.** Die Sprachen d. türkischen Stämme Südsibiriens u. d. dsungar. Steppe. Abth. 1 (einz.): Proben d. Volkslitteratur. (Origin.-Texte in russ. Schrift m. deutscher metrischer Uebersetz.) 8 Bde. St. Petersb. 1866—72. gr. 8°. Ppbde., der letzte Bd. br. (69 M.) — 42. —
555 — Proben d. Volkslitteratur d. türkischen Stämme Südsibiriens gesammelt u. übersetzt. Bd. 1: Dialecte d. Altajer u. Teleuten, Lebed-Tataren, Schoren u. Sojonen. St. Peterb. Ac. 1866. gr. 8°. Hfrzbd. (5¾ M.) — 3. —
556 **Schakir Schevket Effendi.** Tarabozan Tarichi. (Geschichte von Trapezunt, türkisch.) 2 Thle. Konstant. 1294 (1877). 8°. 805 pag. — 7. —
    Vgl. hierüber die ausführliche Besprechung von Mordtmann in der Augsb. Allg. Zeitg. 1878. Nr. 5.

Antiquarischer Catalog Nr. 93.

Finnisch-ungar. Sprachen: Allgemeines. Ungarisch.

ℳ. ₰

557 **Vámbéry, H.** Uigurische Sprachmonumente u. d. Kudatku Bilik. Uigur. Text mit Transscription u. Uebersetz. nebst uigur.-deutsch. Wörterbuch u. Facsimile aus d. Orig.-Text d. Kudatku-Bilik. Innsbr. 1870. 4°. (24 M.) 15. —
558 — Deutsch-türkisches Taschen-Wörterb. Constant. 1858. 12°. Hsarsbd. 3. —
559 **Véliaminof-Zernof, V. de.** Dictionnaire djaghataï-turc. St. Petersb. 1869. gr. 8°. 8. —
560 **Vergelner, M.** Institutio ad studium linguae turcicae ad usum missionariorum Terrae Sanctae. Hierosolymis 1872. gr. 8°. 282 pag. 7. —

Finnisch-Ungarische Sprachen.

(Allgemeine Schriften. — Ungarisch. — Finnisch. — Ehstnisch. — Lappländisch. — Syrjänisch, Ostjakisch, Mordwinisch.)

561 **Anderson, N.** Studien zur Vergleichung d. ugro-finnischen u. indogerman. Sprachen. Bd. 1. (einz.) Dorpat 1879. 8°. (6 M.) 4. 50
562 **Budenz, J.** Magyar-ugor összehasonlito szotar. Heft 1—4. Budapest 1872—79. gr. 8°. 712 pag. 7. —
  Vergleich. Wörterbuch d. ungar., finn., lappl., ehstn., wogul., tscheremiss. etc. Sprachen.
563 — Ugrische Sprachstudien. 2 Hefte. Pest 1869—70. 8°. (4 M.) 2. 50
564 **Donner, O.** Die gegenseitige Verwandtschaft d. finnisch-ugrischen Sprachen. Helsingfors 1879. 4°. (S.-A.) 160 pag. 6. —
565 — Öfversigt af den finsk ugriska sprakforskningens historia. Helsingf. 1872. 8°. 109 pag. 1. 50
566 — Das Personalpronomen in d. altaischen Sprachen. I. Die finnischen Sprachen. Berl. 1865. 8°. 1. —
567 — Vergleich. Wörterbuch d. finnisch-ugrischen Sprachen. 2 Bde. Helsingf. 1874—76. gr. 8°. (10 M.) 7. —
568 **Gyarmathi, Sam.** Affinitas linguae hungaricae c. linguis fennicae originis grammatice demonstr. Nec non vocabularia dialector. tataricar. et slavicar. c. hungarica compar. Gotting. 1799. 8°. Ppbd. 4. —
569 **Hunfalvy, P.** Nyelvtudomanyi Közlemények. Bd. 1—8. Pesten 1862—70. gr. 8°. (24 flor. oest.) 25. —
  Diese Sammlung sprachwissenschaftl. Forschungen enthält z. Th. umfangreiche Arbeiten v. Vambery, Fogarasi, Budenz, Ballagi, Joannovicz, Barna, Lindner etc., namentlich finnisch-ugrische Sprachen betreffend.
570 **Meyer, L.** Ueb. vorhistor. Beeinflussung finnischer Sprachen durch german. Dorp. 1879. 8°. (S.-A.) 27 pag. 1. —
571 **Sajnovics, J.** Demonstratio, idioma Ungarorum et Lapponum idem esse. Turnav. 1770. 4°. 132 pag. 2. —
572 **Weske, M.** Untersuch. zur vergleich. Grammatik d. finnischen Sprachstammes. Leipz. 1872. 8°. 100 pag. 1. 25

---

573 **Bloch, M.** Ausführl. Grammatik d. ungar. Sprache, nebst Auswahl v. Beispielen. Pesth 1842. 8°. Hlwdbd. (4½ M.) 2. —
574 **Boller.** Zur magyarischen Etymologie. 2 Thle. Wien. Ac. 1855. 8°. 1. 50
575 **Budenz, J., G. Szarvas, A. Szilády.** Nyelvemléktár régi magyar codexek és nyomtatványok. 6 Bde. Budap. Akad. 1874—78. gr. 8°. 20. —
  Ungarische Sprachdenkmäler nach d. HSS.
576 **Budenz, J.** Ueb. Vambery's magyar.-türk. Forschungen. (A.) 68 pag. — Magyarisch. 1. —
577 **Corpus grammaticorum** linguae hungaricae veterum. Ed. Fr. Toldy. Pesth. 1866. gr. 8°. 717 pag. 6. —
  Neudrucke d. höchst seltenen ersten ungar. Grammatiken etc. u. A.: Jon Sylvestri grammat. hung.-lat. 1536. — Orthographia ungar. Cracoviensis. 1549. — A. Molnar. Grammat. 1610. etc. — Interessante Publication, besorgt von d. Ungar. Akademie.
578 **Czuczor, G. és J. Fogarasi.** A magyar nyelv szótára. (Wörterbuch d. ungar. Academie.) 6 Bde. Pest 1862—74. 4°. 60. —

Otto Harrassowitz in Leipzig.

Ungarisch. — Finnisch.

M. ₰

579 **Ertekezések** a nyelv- és széptudományok köréböl. (Sammlung sprachwissenschaftl. Abhandlgn., hrsg. v. Frz. Toldy u. P. Gyulai.) Bd. I—III. u. IV. Heft 1 u. 2. Pest 1864—74. gr. 8°. (12¾ flor. öst.) 12. —
   Mit Beiträgen v. Toldy, Telfy, Brassai, Matray, Szasz, Joannovicz, Riedl, Goldzichér, Barna etc.

580 **Haide, Ad. v. d.** Pannoniens Dichterheim. Auswahl d. schönsten magyar. Gedichte in deutscher Uebersetz. Stuttg. 1879. 8°. (6 M.) 4. —

581 **Hunfalvy, P.** Literar. Berichte aus Ungarn üb. d. Thätigkeit d. ungar. Akademie d. Wissensch., d. ung. National-Mus., d. Kisfaludy-Ges. etc. wie auch einzelner Schriftsteller. Complet 4 Bde. u. Fortsetzung: Ungar. Revue. Bd. I. Heft 1—6. Budap. u. Leipz. 1877—81. gr. 8°. M. Taf. (37 M.) 15. —

582 **Loos, J.** Ungar.-deutsch-slovakishes Wörterbuch. Pest 1869. 8°. (5¾ M.) 4. —

583 **Pariz Pápai.** Dictionarium lat.-hungar. et hung.-lat. Nunc locupl. P. Bod. 2 tom. 1 vol. Cibinii 1767. gr. 8°. Frzbd. 8. —
   Der ungar.-lat. Theil (ursprünglich v. Molnár verfasst) enthält auch die deutsche Uebersetz. — Wichtig wegen der aus den ungar. Geschichts- u. Rechtsquellen des M.-A. gesammelten latein. Wörter.

584 **Podhorszky, L.** Etymolog. Wörterbuch d. magyarischen Sprache. Budapest 1877. gr. 8°. 12. —

585 **Riedl, A. M.** Magyarische Grammatik. Wien 1858. gr. 8°. (5½ M.) 3. 50

586 **Boller, Frz.** Handbuch d. ungarischen Poesie. Bd. I. Pesth 1828. 8°. Lwdbd. 1. 50

587 **Zsebszótár,** Magyar és német. (Ungar.-deutsches Wörterbuch, hrsg. v. Antal, Bajza, Bugat, Schedel etc.) Budán 1838. 8°. Hfrzbd. 790 pag. 6. —

588 **Ahlquist, A.** Die Kulturwörter d. westfinnischen Sprachen. Beitr. z. älteren Kulturgesch. d. Finnen. Helsingf. 1875. gr. 8°. (9 M.) 6. —

589 **Akiander, M.** Försök till utredning af finska sprakets ljudbildning. Helsingf. 1846. 8°. Hfrzbd. 147 pag. 1. 25

590 **Boller.** 4 Abhandlgn. üb. Conjugation u. Declination in d. finn. Sprachen. Wien. Ac. 1855. 8°. Hlwdbd. Vergriffen. 5. —

591 — Die Conjugation in d. finnischen Sprachen. 3 Thle. Wien. Ac. 1854—74. 8°. Vergriffen. 3. —

592 — Die Declination in d. finnischen Sprachen. 2 Thle. Wien. Ac. 1853—54. 8°. Vergriffen. 2. —

593 — Die Objectiv-Conjugation in d. finnischen Sprachen. Wien. Ac. 1855. 8°. Vergriffen. 1. 50

594 — Die finnischen Sprachen. 2 Thle. Wien. Ac. 1853. 8°. 1. 50

595 **Castrén, Al.** Kleinere Schriften (zur Ethnographie u. Sprachenkunde d. Finnen etc.), hrsg. v. A. Schiefner. St. Petersb. 1862. gr. 8°. Ppbd. 4. —

596 **Gottlund, C. A.** Försök att förklara de finska stamordens uppkomst. Helsingf. 1853. 8°. (S.-A.) 69 pag. 1. 50

597 — Forskningar uti sjelfva grund-elementerna af det finska sprakets grammatik. Helsingf. 1863. 8°. 129 pag. 2. 50

598 **Grot, J.** Calender till minne af keys. Alexanders-Universitets andra secularfest. Helsingfors 1842. gr. 8°. 339 pag. 2. 50
   Enth.: Grot, minnen af Alex.-Univ. — Pletnew, Finland i det ryske skaldernes sanger. — Ochman, om det finska national-lynnet. — Lönnrot, om närvarande tids poesie hos finska almogen.

599 **Joukkahainen.** Ströskrift utg. af Österbottningar. 3 Thle. in 1 Bde. Helsingf. 1843—48. 8°. cart. 3. —
   Mit finnischen Volksliedern.

600 **Kalewala.** Lybenneity laitos. (M. Anmerk. u. Glossar hrsg. v. E. Lönnrot.) Helsing. 1862. 8°. 444 pag. 4. —

601 — 5 första sangerna. Utg. m. svensk ordbok af A. Ahlquist. Helsingf. 1853. 8°. 148 pag. 1. 50

602 **Kalewipoeg.** Üks ennemuistene eestijut, kaheskümnes laulus. Kuopio 1862. 8°. Ppbd. 8. —

603 **Kanteletar** taikka Suomen kansan wankoja lauluja ja wirsiä. 3 Bde. Helsing. 1840. 8°. Hlwdbde. 10. —
   Die Harfe, d. i. des finnischen Volkes alte Lieder u. Gesänge. Hrsg. v. E. Lönnrot. Gesuchte Originalausgabe.

604 **Kockström, V. R.** Kurze Grammatik d. finnischen Sprache. Helsingf. 1876. 8°. 1. 50

Finnisch. — Ehstnisch. — Lappländisch. 25

                                                                                                M. ₰

605 **Kullervo**, öfversatt af C. G. Borg. Helsingf. 1851. 8°. (S.-A.) 67 pag. 1. 25
606 **Lagus, Gabr.** Den finsk-svenska litteraturens utveckling. Borgå 1866. 8°. 163 pag. 1. 50
607 **Lindström, J. A.** Försök att visa grammatik formers uppkomst i finska spraken. Åbo 1847. 8°. 74 pag. 1. 50
608 **Lönnrot, El.** Suomalais-Ruotsalainen Sanakirja. Complet 14 Hefte. Helsing. 1866—80. gr. 8°. 60. —
    Bestes u. vollständigstes finnisch-schwed. Wörterbuch.
609 — — Thl. 1—4. (A—Kinn.) Helsingissä 1866—70. Lex. 8°. 15. —
610 **Näytelmistö.** Bd. IV. Helsing. 1867. 8°. 2. —
    Finnische Theaterstücke, u. A. Uebersetzungen v. Holberg'schen Lustspielen.
611 **Renvall, G.** Lexicon linguae finnicae c. interpretat. lat. et german. 2 tom. 4 vol. Aboae 1826. 4°. Hfrzbd. 640 pag. — Selten. 36. —
612 — Finsk Spraklära, enligt den rena vest-finska dialect. 1. (einz.) Thl. Formlära. Åbo 1840. 8°. Hlwdbd. 136 pag. 1. —
613 **Schiefner, A.** Die Lieder d. Woten im Origin. m. deutscher Uebersetz. St. Petersb. Ac. 1856. 8°. 1. —
614 **Stenbäck, G. L.** Sammandrag af finska sprakets formlära. Borga 1844. 8°. Hfrzbd. 74 pag. 1. —
615 **Suomen Kansan** Arwoituksia. Helsing. 1844. 8°. Hfrzbd. 184 pag. 3. —
    Finnisches Räthselbuch, enth. 1700 Räthsel m. Register, hrsg. v. Chr. Ganander, in neuer Auflage v. El. Lönnrot.
616 **Suomi,** Tidskrift i fosterländska ämnen. Bd. 9—12. Helsingf. 1841—53. 8°. à 4. —
617 **Vasenius, V.** La littérature finnoise. 1544—1877. Helsing. 1878. 8°. XIV. 264 pag. 5. —
    Alphabet. u. systemat. Catalog der gesammten finnischen Literatur.

618 **Biblia.** Piibli Ramat se on keik se Jummala Sanna etc. 2 Thle. in 1 Bde. Tallinnas (Reval) 1739. 4°. Frzbd. 20. —
    Schönes Ex. der ersten completen ehstnischen Bibel, die sehr selten geworden ist.
619 **Eesti Laulik.** (125 ehstnische Lieder.) Tartus 1860. 12°. cart. 191 pag. 2. —
620 **Fählmann, F.** Ueb. d. Declination d. estnischen Nomina. Dorp. 1844. 8°. (S.-A.) 47 pag. 1. 25
621 **Göseken, H.** Manuductio ad linguam Oesthonicam, Anführung zur Öhstn. Sprache (nebst deutsch-ehstn. Wörterbuch.) Reval 1660. 8°. Prgtbd. 496 pag. Sehr selten. 10. —
622 **Hollmann, A.** Bemerkungen üb. d. Nominativ, Genitiv u. Accusativ im Estnischen. 8°. (A.) 32 pag. 1. —
623 **Hupel, A. W.** Ehstnische Sprachlehre, nebst vollst. ehstn.-deutsch. u. deutsch-ehstn. Wörterbuch. Riga 1780. 8°. cart. 536 pag. Selten. 8. —
624 **Meyer, Leo.** Ueb. Völkerverwandtschaften m. besond. Bezieh. auf d. estnische Volk. Dorpat 1877. 8°. 26 pag. 1. —
625 **Sjögren, A.** Ueb. d. Wohnsitze u. Verhältnisse d. Jatwägen (bis z. 13. Jahrh.) St. Pet. Ac. 1858. gr. 4°. Titel fleckig. 2. —
626 **Testament, Neues.** Ehstnisch: Meije issanda Jesusse Kristusse wastne Testament. Riga 1727. 8°. 10. —
    Sehr seltenes ehstnisches N. Test. im Dörpter Dialect. Schönes Er.
627 **Weske, M.** (Linguist.) Ergebnisse einer Reise durch Estenland, 1875. Dorpat 1877. 8°. (S.-A.) 76 pag. 1. 25
628 — Eesti keele healte opetus ja kirjutuse wiis. (Etymologie u. Orthographie d. ehstn. Sprache.) Tartus 1879. 8°. cart. 117 pag. 2. —
629 — Eesti rahwalaulud. (Ehstnische Volkslieder.) Heft 1. (soviel erschienen.) Tartus 1879. 8°. 104 pag. 2. —
630 **Wiedemann, F. J.** Ueb. d. werroehstnischen Dialekt. St. Petersb. Ac. 1864. gr. 4°. 1. 50

631 **Donner, O.** Lieder d. Lappen. Lappisch u. deutsch, m. Einleit. u. Anmerkgn. Helsingf. 1876. 8°. 4. —
632 **Fjellström, P.** Grammatica lapponica. Holm. 1738. 8°. Ppbd. 104 pag. — Die letzten Bll. leicht lädirt. Erste lappländ. Grammatik von grosser Seltenheit. 6. —

Otto Harrassowitz in Leipzig.

26   Lappländisch. — Mordwinisch. — Dravidische Sprachen.

                                                                                                            M. ₰

633 **Friis, J. A.** Lappisk Grammatik, efter d. finmarkiske Hoved dialekt eller Sproget. Christ. 1856. 8°. 232 pag.   4. —
634 — Lappiske eventyr og folkesagn. Christian. 1871. 8°.   3. 30
635 **Ganander, H.** Grammatica lapponica. Holm. 1743. 12°. Hfrzbd. Schönes Ex. 176 pag. Sehr selten.   10. —
636 **Högström, P.** Beskrifning öfwer de til Sweriges krona lydande Lapmarker. Underrättelse om landets belägenhet och des inwånares tilstånd, seder, widskepelser. Stockh. (1730.) 12°. Hldrbd. 271 pag. Sehr selten u. interessant. 10. —
637 **Leem, Knud.** En Lappesk Nomenclator efter den dialect, som bruges af Fjeld-Lapperne i Porsanger-Fjorden. Tronhiem 1756. 8°. Hldrbd. 666 pag. — Von grosser Seltenheit.   25. —
638 **Rask, R.** Raesonneret lappisk sproglaere efter den sprogart, som bruges af Fjaeldlapperne i Porsangerfjorden i Finmarken. Kjöbenh. 1832. 8°. Hldrbd. 288 pag.   4. —
639 **Salbmagirje** Ibmeli gudnen ja Same-saervvegoddidi bajasrakadussan, oktanaga kollevtai, epistali ja evangeliumi guim etc. Kristianiast 1870. 8°. Ldrbd. 292 pag.   3. —
640 **Stockfleth, N. V.** Grammatik i det Lappiske sprog. 1. (einz.) Del: Bogstav-og Formlaeren. Christ. 1840. 8°. cart. 263 pag. Wasserfl. Selten.   6. —
641 — Bibel-Historia, mailme sivnedume rejast Moses jabmen ragjai, bibel jecas saniguim muittaluvvum; ja 22 David psalmak. Krist. 1840. 8°. Hldrbd. 360 pag.   3. —
642 — Oanèdubme Dr. Erik Pontoppidan cilgitusast. Asatuvvum oappogirjen. Krist. 1849. 8°. Hldrbd. 175 pag.   2. —
643 — Rokkus-ja oappo-girje. Krist. 1840. gr. 8°. Hldrbd. 209 pag.   2. 50
644 **Testamentum Novum** Lappice: haerramek ja baesstamek Jesus Kristus adda testament. Kristian. 1840. 8°. Hfrzbd.   3. —

645 **Ahlqvist, A. E.** Läran om verbet i Mordvinskans Mokscha-dialekt. Helsingf. 1859. 4°. 49 pag.   1. 25
646 **Budenz, J.** Mordvin közlések. (Mordvin. Texte m. Grammatik u. Glossar.) (A.) 158 pag.   1. 50
647 **Castrén, A.** Versuch ein. ostjakischen Sprachlehre nebst kurzen Wortverzeichniss, hrsg. v. A. Schiefner. 2. verb. Aufl. St. Petersb. 1858. 8°. 2. —
648 **Wiedemann,** Syrjaenisch-deutsch. Wörterbuch nebst Anhang: Wotjakischdeutsch. Wörterbuch. St. Petersb. 1880. 8°.   7. —

VI. Dravidische Sprachen.

Tamulisch. Canaresisch. Karnataka. Malayalim. Brahuis. Dukhnee. Telugu etc.

649 **Basavapurána.** Canaresisch. (Mangalore 1860?) fol. 670 pag. Lithogr. 25. —
650 **Bible,** the Holy, translat'd into Canarese. 2 vol. Bangalore 1865. 8°. Hfrzbde. 6. —
651 **Canarese proverbs** (3540). Mangalore (1876?) 8°. cart. 454 pag.   3. —
652 **Carr, M. W.** Collection of Telugu proverbs translated, illustr. and explained together w. some sanscrit proverbs printed in the Devanagari and Telugu characters. 2 tom. 1 vol. Madras 1868. 8°. Hfrzbd.   31. —
    Enth. 2700 Telugu u. 488 Sanscrit Sprichwörter, sämmtlich in Originaltext, mit Uebersetz. u. Erklärung. 694 pag. — Werthvolles Werk.
653 **Channa Basava Puräna.** Canaresisch. (Mangalore 1860?) fol. 589 pag. — Lithographirt.   25. —
654 A short **Grammar** of the ancient dialect of the Canarese language. Mangalore 1866. 8°. cart. 104 pag. — In canarese characters.   2. 50
655 **Gundert, H.** A grammar of the Malayalam language (in Malayalim). 2. ed. completed. Mangalore 1868. 8°. cart. 442 pag.   7. —
656 **Hörnle, A. F. R.** Essays in aid of a comparat. grammar of the Gaurian languages. (Asiat. Soc. of Bengal) 1872. 8°. 54 pag.   1. 50

Antiquarischer Catalog Nr. 93.

Dravidische Sprachen. — Chinesisch.

657 **Jayamini.** An old canarese poem (in canarese characters.) (Bombay 1860?) 8°. Hlwbd. 5. —
658 **(Kittel, F.)** Canarese poetical anthology. W. notes and a canarese-engl. vocabulary. Mangalore 1874. 8°. cart. 404 pag. 5. —
659 der **Kural** v. Tiruwalluver, m. Commentar. (Gnomisches Gedicht über d. 3 Strebeziele d. Menschen.) In tamul. Sprache. Madras 1760. (tamul. Zeitrechnung.) 8°. Hldrbd. 450 pag. 7. 50
660 **Mc Kerrell, J.** Grammar of the Carnataca language. Madras 1820. 4°. Ldrbd. 214 pag. Etwas wurmstichig. — Selten. 35 fr. Maisonneuve. 12. —
661 **Malayalam-English** school-dictionary. Mangalore 1870. gr. 8°. Sarsbd. 373 pag. 8. —
662 **Nagavarma's** Canarese prosody. Edit. w. an introduction and an essay on canarese literature by F. Kittel. Mangalore 1875. gr. 8°. Lwdbd. LXXXII. 160 pag. 7. 50
663 **Pantschatantram.** Telugu text. Madras 1848. 4°. Hldrbd. 4. —
664 **Percival, P.** (6156) Tamil proverbs with their english translation. 2. ed. Madras 1874. gr. 8°. 6. —
665 **Rájén dranámé** or history of Coorg. Canarese text w. engl. translat., edit. by R. Abercrombie. Mangal. 1857. 4°. cart. 10. —
666 **Raveepatee Gooroomoortee.** The tales of Vikramarka (in Telugu). 2. ed. Madras 1828. 4°. Ldrbd. 4. —
667 **Trumpp, E.** Grammat. Untersuchungen üb. d. Sprache d. Brahuis. Münch. Ac. 1881. 8°. (4 M.) 3. —
668 **Unwari Soheilee.** Translation into the Dukhnee tongue, by Mohummud Ibraheem Moonshee. Madras 1824. fol. Frzbd. 16. —

VII. Einsilbige Sprachen.

Chinesisch. — Hinterindische Sprachen. — Tibetisch.

669 **Boller, A.** Die Präfixe m. vocalischem u. gutturalem Anlaute in den einsilb. Sprachen. Wien. Ac. 1869. 8°. 1. —
670 **Bridgman, E. C.** A chinese chrestomathy in the Canton dialect. Macao 1841. 4°. Hfrzbd. XXXVI. 693 pag. 50. —
  Selten. Das Chinesische in Original-Characteren nebst Transscription u. engl. Uebersetz. in nebeneinander stehenden Columnen.
671 **Callery, J. M.** Encyclopedia of the Chinese language. Specimen: Fragments of 3 phonetic orders. Chinese and engl. Lond. 1842. gr. 8°. 40 pag. 2. —
672 **Catalogue** des livres chinois compos. la bibliothèque de feu M. G. Pauthier. (Vente 16. Dec. 1873.) Paris 1873. 8°. 92 pag. 1. —
673 **Ceu-tsi.** T'ung-su mit Cu-hi's Comment. Chines., mandschuisch u. deutsch, m. Anmerkgn. hrsg. von W. Grube. 2 Hefte. (Cap. 1—20.) Wien 1880—81. 8°. 1. 50
674 **Confucius,** Sinarum philosophus s. scientia Sinensis lat. expos. opera Prosp. Intorcetta, C. tabb. chronol. sin. monarch. Paris. 1687. fol. Prgtbd. 6. —
675 — Works, cont. the original text w. a translation and a dissert. on the chinese lang. and character, by J. Marshman. Vol. 1. (all publ.) Serampore 1809. 4°. Hlwdbd. 25. —
  Selten. Trübner in London 63 Sh.
676 — Werke. Deutsch m. Anmerk. hrsg. v. W. Schott. 2 Bde. Halle u. Berl. 1826—32. 8°. 2. —
677 **Confucius** et **Mencius.** Les 4 livres de philosophie morale et politique de la Chine, trad. p. G. Pauthier. Paris 1841. 8°. 2. —
678 **Dagar-li-kao.** Viajes por los paises barbaros de Europa, Espana, Francia, Inglaterra. Traduc. del Chino al Castellano. Parte 1 (tout publié). Madrid 1880. 8°. 100 pag. 2. 50
679 **Fortia d'Urban.** Histoire antédiluvienne de la Chine, ou histoire de la Chine jusqu'au déluge d'Yao (l'an 2298 avant notre ère.) 2 vol. Paris 1840. 8°. (10 fr.) 5. —

Otto Harrassowitz in Leipzig.

Chinesisch.

M. ₰

680 **Gladisch, A.** Die Hyperboreer u. d. alten Schinesen. Leipz. 1866. 4°. 1. —
681 **Gonçalves, J. A.** Diccionario china-portuguez. 2 vol. Macao 1833. 4°. Ldrbde. 1028. 126 pag. 42. —
  Seltenes Wörterbuch; ein. unbedeut. Wurmstiche, sonst gut erhalten.
682 **de Guignes.** Dictionnaire chinois, français et latin. Paris 1813. fol. Lwdbd. unbeschn. (90 fr.) — Wohlerhaltenes Ex. mit sehr breit. Rande. 42. —
683 **Hamelin, A. M.** Dictionnaire alphabét. chinois-français de la langue mandarine vulgaire. Rennes 1877. gr. 8°. 1750 pag. (55 fr.) 38. —
684 **Julien, Stan.** Méthode pour déchiffrer et transcrire les noms sanscrits qui se rencontrent dans les livres chinois, à l'orde de règles et d'un répert. de 1100 caractères chinois idéograph. Paris, Impr. Impér., 1861. gr. 8°. 235 pag. — M. interessanten eigenhänd. Briefe d. Verf. an Prof. Benfey. 7. —
685 — Syntaxe nouvelle de la langue chinoise, suivie de fables, légendes etc. Vol. I. (Syntaxe.) Paris 1869. gr. 8°. (20 fr.) 10. —
686 — Vindiciae philologicae in linguam Sinicam. I. Paris 1830. 8°. 1. —
687 — Mélanges de géographie asiatique et de philologie sinico-indienne, extraits des livres chinois. Vol. 1. (le seul pub.) Paris, Impr. Impér., 1864. 8°. (S.-A.) Nur in 50 Exx. gedruckt. 20. —
688 **Kircher, Athan.** China monumentis sacris et profanis etc. illustrata. Amstel. 1667. fol. C. figg. aen. Prgtbd. 5. —
689 **Lao-tseu Tao-te-king.** Le livre de la voie et de la vertu. Texte chinois av. trad. franç., commentaire perpétuel p. Stan. Julien. Paris 1842. gr. 8°. Ppbd. (12 fr.) — Vergriffen. 8. —
690 **Le Gobien, Ch.** Histoire de l'édit de l'empereur de la Chine en faveur de la relig. chrest. av. un éclairciss. s. les honneurs rendus à Confucius et aux morts. Paris 1698. 8°. Frzbd. 322 pag. 2. —
691 **May Yu lang tou tchen hoa kouei:** le vendeur d'huile etc. ou splendeurs et misères des courtisanes chin. Roman chinois av. trad. franç. p. G. Schlegel. Leid. 1877. 8°. 9. —
692 **Medhurst, W. H.** Chinese and english dictionary, cont. all the words in the chinese imperial dictionary, arranged according to the radicals. 2 vol. Batavia 1842—43. gr. 8°. Hlwdbde. Gutgehaltenes Ex., selten. Quaritch 4 Pfd. Sterl. 35. —
693 **Montucci, A.** A parallel drawn between the two intended chinese dictionaries. W. Morrison's horae sinicae cont. the text to San-Tsi-King with translation etc. Lond. 1817. 4°. Ppbd. 1. 50
694 **Morrison, R.** Memoirs of the life and labours of Rob. Morrison, w. critic. not. of his chinese works and orig. documents. 2 vol. Lond. 1839. gr. 8°. W. 2 plat. Eleg. Frzbde. m. Goldschn. (44 Sh.) 10. —
695 **Parrat, H.** Les tons chinois sont sémitiques. Porrentruy 1854. 4°. Lithographié. 1. 50
696 **Pfizmaier, A.** 31 Abhandlgn. zur chines. u. japanes. Sprache, Geschichte, Cultur etc. Wien. Ac. 1852—77. 8°. In 2 Bdn. 15. —
697 — Das Haus ein. Statthalters v. Fari-ma. — Die Einkehr in d. Strasse v. Kanzaki. Wien. Ac. 1876—77. 8°. 1. 25
698 — Die Sage v. Fo-wo-de-mi-no mikoto. — Z. d. Sage v. Owo-kuninusi. — Notizen a. d. Geschichte d. chin. Reiche v. 572—546 v. Chr. Wien. Ac. 1855—66. 8°. 2. —
699 — Ueb. Wundermänner Chinas. — Denkwürdigkeiten v. chines. Werkzeugen u. Geräthen. — Aufzeichnungen aus d. Reiche J-se. — Die Sintoobannung d. Geschlechtes Naka-Tomi. Wien. Ac. 1872—77. 8°. (4½ M.) 1. 50
700 **Ping-Chan-Ling-Yen.** Les deux jeunes filles lettrées, roman chinois trad. p. St. Julien. 2 vol. Paris 1860. 8°. 5. —
701 **Le Pi-Pa-Ki** ou l'histoire du Luth. Drame chinois de Kao-Tong-Kia, représenté en 1404. Trad. p. Bazin. Paris 1841. 8°. (7½ fr.) 4. —
702 **Plath, J. H.** Die Beschäftigungen d. alten Chinesen. Ackerbau, Viehzucht, Jagd, Fischfang, Industrie, Handel. Münch. Ac. 1869. 4°. cart. 62 pag. 1. 50
703 — China vor 4000 Jahren, nach chines. Quellen. Münch. 1869. 8°. (3½ M.) 2. 50
704 — Leben d. Confucius, nach chines. Quellen. 2 Thle. Münch. Ac. 1870 —71. 4°. 180 pag. (6 M.) 4. —

Antiquarischer Catalog Nr. 93.

Chinesisch. — Indochinesische Sprachen. — Tibetisch.   29

M. ₰

705 **Plath, J. H.** Die Schüler d. Confucius nach chines. Quellen. Münch. Ac. 1873. 4°. 98 pag.   2. 25
706 **Popoff, P. S.** Russisch-chinesisches Wörterbuch. St. Petersb. 1879. 8°. 743 pag. — Brockhaus' Allgemeine Bibliographie 35 M.   24. —
707 the **Sacred-Books** of China. With an introduct. and notes translat. by J. Legge. Vol. I and II: the Shu King, the relig. portions of the Shih King, the Hsiâo King. The Yi King. Oxf., Clarendon Press, 1878—82. 8°. Sarsbde. (23 Sh.) Soviel erschien. — Sacred Books of the East. Vol. 3. 16. 18. —
708 **San-Tseu-King.** Trium litterarum liber, sub finem 13. saeculi compos. Sinice et lat., c. 214 clavium tab. ed. St. Julien. Paris 1864. 8°.   2. 50
709 **Schi-King.** Chines. Liederbuch, gesammelt von Confucius. Deutsch von Fr. Rückert. Altona 1833. 8°. (6¾ M.)   2. —
710 **Schlegel, G.** Chines. Bräuche u. Spiele in Europa. Bresl. 1869. 8°. 32 pag.   1. —
711 — Sinico-Aryaca ou recherches s. les racines primitives dans les langues chinoises et aryennes. Batavia 1872. gr. 8°. (S.-A.)   10. —
In geringer Anzahl gedruckt u. gänzlich vergriffen.
712 **Schott.** Kitai u. Karakitai, beitrag z. gesch. Ost- u. Innerasiens. Berl. Ac. 1880. 4°.   1. —
713 **Ta Hio** or Dai Gaku. Chinese text w. an interlin. japanese version etc. ed. by J. J. Hoffmann. 2 parts. Leid. 1864. 8°.   5. —
714 **Thsien-Tseu-Wen.** Le livre des 1000 mots, le plus ancien livre élém. des Chinois. Publ. av. traduct. franç. et des notes p. St. Julien. Paris 1864. 8°.   3. —
715 **Uhle, Fr. M.** Die Partikel »Wei« im Schu-king u. Schi-king. Leipz. 1880. 8°. 106 pag.   1. 50
716 **Wassiljew.** Graphisches System d. chines. Hieroglyphen u. chines.-russisches Wörterbuch. St. Petersb. 1867. gr. 4°. XVI. 456 pag. — Russ. 36. —
Autographischer Druck. Nicht im Handel.
717 **Yu Kiao Li.** Les deux cousines. Roman chinois, trad. av. un comment. philolog. et histor. p. St. Julien. 2 vol. Paris 1864. 8°.   5. —

718 **Bastian, A.** Sprachvergleich. Studien m. bes. Berücksichtigung d. indo-chines. Sprachen. Leipz. 1870. gr. 8°. Hlwbd. (7½ M.)   5. —
M. ausführl. Briefe des Verfassers an Bonfey.
719 — Ueb. d. siamesischen Laut- u. Tonaccente. Berl. Ac. 1867. 8°. 30 pag.   1. —
720 — Remarks on the indo-chinese alphabets. 1867. 8°. W. plate. (A.)   1. —
721 — On some siamese inscriptions. 1864. 8°. W. plate. (S.-A.)   1. —
722 **Mainwaring, G. B.** A grammar of the Róng (Lepcha) language as it exists in the Dorjeling and Sikim hills. Calcutta 1876. 8°. Lwdbd. 146 pag. (15 Sh.) 11. —
723 **Pigneaux, J.** et **J. L. Taberd.** Dictionarium anamitico-latinum et latino-anamiticum. 2 vol. Serampore 1838. 4°. Hfrzbde.   42. —
Wohlerhaltenes Ex dieses seltenen Werkes mit den beiden Appendices: Vocabu-laire cochinchinois u. Voces sinenses. Quaritch Pfd. Sterl. 4. 4 Sh.

724 **Bharatae** Responsa. Tibetice et lat. Ed. Schiefner. Petrop. Ac. 1875. gr. 4°. 1. 25
725 **Bonpo-Sûtra:** Das weisse Nâga-Hunderttausend. A. d. Tibet. übers. v. A. Schiefner. St. Petersb. Ac. 1880. 4°.   2. —
726 **Inschrift** aus d. Kloster Hemis in Ladok. A. d. Tibet. übers. u. erläut. v. E. Schlagintweit. Münch. Ac. 1864. 4°. M. Facs. d. Orig.-Textes. 1. —
727 **Lalitavistara:** Rgya Tch'er Rol Pa ou développement des jeux cont. l'histoire du Bouddha Cakya-Mouni. Texte tibétain du Bkahhgyour, revu s. l'orig. sanskrit, et traduct. franç., publ. p. Ph. Ed. Foucaux. 2 vol. Paris, Impr. Nat., 1847—48. 4°. Av. 6 pl. Hsarsbde.   40. —
728 **Lepsius, R.** Ueb. chines. u. tibetische Lautverhältnisse. Berl. Ac. 1861. 4°. 1. 50
729 **Mahayana Sutra** Digpa thamchad shagpar terchoi. Tibetan. Beichtgebet, tibet. u. deutsch m. Erläutgn. v. E. Schlagintweit. Münch. Ac. 1863. 8°. 1. —
730 **Schiefner, A.** Eine tibetische Lebensbeschreib. Cakjamuni's, d. Begrün-ders d. Buddhathums, im Auszuge deutsch bearb. St. Petersb. 1849. 4°. 102 pag.   3. —
731 **Schlagintweit, E.** Die Könige von Tibet (bis 1834 n. Chr.) Münch. Ac. 1864. 4°. M. 19 SS. tibet. Text. (4½ M.)   3. —

Otto Harrassowitz in Leipzig.

30   Japanisch. — Malayisch-polynesische Sprachen.

                                  ℳ ₰

732 **Schlagintweit, E.** Tibetische Texte übers. u. erläut. IV: Inschrift aus d. Kloster Hemis. Münch. Ac. 1864. 8°. M. Facs.-Taf.   1. —
733 **Târanâthae** De doctrinae buddhicae in India propagatione narratio. Tibetice ex codd. Petropolit. ed. A. Schiefner. Petrop. 1868. gr. 8°.   2. —
734 **Vimalapraçnottara ratnamala.** Tibetisch u. deutsch hrsg. v. A. Schiefner. St. Petersb. 1858. 4°.   1. —

VIII. Japanisch.

735 **Hoffmann, J. J.** Japanische Sprachlehre. Leiden 1877. gr. 8°. M. 2 Taf.   18. —
736 **Japanischer Originaldruck.** — Lesebuch in Tsao-Dialect, in chines. u. japanes. Schrift. Jede Seite mit einem z. Th. sehr drastischen Holzschnitt, Darstellungen aus dem Volksleben etc. 184 Bll. 4°.   3. 50
737 **Kasira gaki** etc. Encyclopédie japonaise: Le chapitre des quadrupèdes avec la 1e part. de celui des oiseaux. Trad. franç. p. L. Serrurier. Leide 1875. 4°. Av. 42 pl. facsim. du texte orig.   7. 50
738 **Kraus Fils, A.** La musique au Japon. Florence 1878. 8°. Avec 85 figg. en photographie (instruments de musique.) — Nicht im Handel.   9. —
739 **Lagus, W.** Remarques sur la 1. expéd. russe au Japon (en 1792.) Leide 1878. 8°. (Extr.) 18 pag.   1. —
740 **Pfizmaier, A.** Ueb. japanesische Dialecte. Wien. Ac. 1877. 8°.   1. —
741 **San Kokf Tsou** ran to sets, ou aperçu génér. des trois royaumes. Trad. de l'original japonnais-chinois p. J. Klaproth. Av. un vocabulaire de la langue des Aïnos. Paris 1832. gr. 8°. Av. atlas de 7 pl. color. 4°. (15 M.)   6. —

IX. Malayisch-Polynesische Sprachen.

742 **Babad Tanah Djawi,** in proza. Javaansche geschiedenis loopende tot het j. 1647 d. javaansche jaartelling. Javaansch tekst m. aanteeken. v. J. J. Meinsma. 2 Bde. 's Gravenh. 1874—77. gr. 8°. (9½ flor.)   7. —
743 **Badings, A. H. L.** Maleisch-holl. en holl.-maleisch woordenboek. 3º druk. Schoonh. 1879. 8°. — Das Mulaische in lat. Lettern.   4. —
744 **Bharata-Yuddha.** Zang XV in Kawi, m. vertaling en aanteeken v. H. Kern. (A.) 8°. 30 pag.   1. —
745 **Bleek, W. H. J.** On the position of the australian languages. (A.)   1. —
746 **Brady, J.** Descript. vocabulary of the native language of W. Australia. Rome 1845. 16°. 50 pag.   2. —
747 **Gericke, J. F. C.** Javaansch-nederduitsch woordenboek, vermeerd. en verbet., en m. supplem. d. T. Roorda en J. J. Meinsma. 2 Bde. Amst. 1847—62. gr. 8°. Hlwdbd. u. Ppbd. Vergriffen! Trübner 41 Sh.   20. —
748 **Humboldt, W. v.** Ueber die Kawi-Sprache auf d. Insel Java, m. Einleit. üb. d. Verschiedenheit d. menschlichen Sprachbaues u. ihren Einfluss auf die geist. Entwicklung d. Menschengeschlechts. 3 Bde. Berl. 1836—39. 4°. cart. unbeschn. (75 M.) Vergriffen.   50. —
749 **Kawi Oorkonden.** 34 platen in facsimile, m. inleiding en transscriptie v. A. B. Cohen-Stuart. 2 Thle. Leiden 1875. 4°. (16 M.)   10. —
750 **Kern, H.** Over de oudjavaansche vertaling van 't Mahâbhârata. M. Text. Amst. 1877. 4°. cart.   1. —
751 **Kitab Indjil.** Dikarang Koe Loekas. (Evang. Lucae.) Rotterd. 1866. roy. 8°. Sarsbd. m. Goldschn.   2. 50
752 **Ko te Kawenata** hou o to tatou ariki o te kai whakaora o ihu karaiti. Das neue Testament neuseelandisch. Ranana 1852. 8°. Ldrbd.   4. —
753 **Ko te tohi-lotu** Katoliko. Frib. 1878. 8°. M. Holzschn. 504 pag.   3. —
  Kalender, Gebete, Evangelien u. Episteln, Rosenkranz u. Katechismus in der Uvea Sprache.
754 **Lesson, A.** Les Polynésiens, leur origine, leurs migrations, leur langage. Redigé p. L. Martinet. Vol. I. Paris 1880. gr. 8°. Av. 2 cart. 528 pag.   14. —
  Band 2 ist soeben erschienen.

Antiquarischer Catalog Nr. 93.

Amerikanische Sprachen. 31

                                                                                                                M. ₰

755 **Lessons**, Easy, on money matters. Translated into the New Zealand language, by H. Tacy Kemp. Wellington 1854. 8°. Lwdbd. 72 pag.   2. 50
756 **Manik Maja**. Javaansch gedicht, m. aanteeken. uitgeg. d. J. J. de Hollander. Batavia 1852. 4°. (A.)   2. —
757 **Marsden**, W. Dictionnaire malai-holland. et franç., holland.-malai, et franç.-malai. Trad. p. C. P. J. Elout. 2 vol. Harlem 1825—26. 4°. Hlwdbde.   12. —
758 **Meyer, Ad. B.** Ueb. d. Mafoor'sche u. ein. and. Papua-Sprachen auf Neu-Guinea. Nebst Proben u. Glossar. 2 Thle. Wien. Ac. 1874. 8°.   1. —
759 **Niemann, G. K.** Bloemlezing uit maleische geschriften. Bd. 1. 's Gravenh. 1870. 8°. (2½ fl.)   2. —
760 **Oosting, H. J.** Soendasch-nederduitsch woordenboek. 3 Bde. Batavia 1879. roy. 8°.   16. —
761 **Pijnappel, J.** Maleisch-nederduitsch woordenboek, naar Marsden. M. het suppl. d. Klinkert. 2 Thle. in 1 Bde. Haarl. 1863—69. gr. 8°. cart. (11½ fl.)   11. —
762 **Rinnooy, N.** Psalmen en gezangen in de papoesche taal (nafoorsch dialect). Utrecht 1875. 8°. 222 pag. — Nicht im Handel. Durchgehends mit d. Melodien.   3. —
763 **Roorda v. Eysinga.** Haandwoordenboek d. nederduitsche en laagmaleische taal. 13. druk. Leiden 1869. 8°.   2. —
764 **Roos, S.** Bijdrage tot de kennis van taal, land en volk op het eiland Soemba. Batav. 1872. roy. 8°. M. Karte. 160 pag. (A.)   2. —
765 **Sjair Ken Tambochan**, een oorspronk. maleisch gedicht, m. aanteken. uitgeg. d. J. J. de Hollander. Leid. 1856. 4°.   2. 50
766 **Testamentum Novum.** Malayice. London 1848. 8°. Ldrbd.   2. —
767 **Violette, L.** Dictionnaire samoa-français-anglais et français-samoa-anglais, précédé d'une grammaire de la langue Samoa. Paris 1879. gr. 8°. XCII pag. (Grammaire) u. 468 pag. (Dictionnaire.)   20. —
768 **Wrtta-sanc'ya.** Oudjavaansch leerdicht over versbouw in Kawi-tekst m. nederl. vertal. d. H. Kern. Leid. 1875. 8°.   4. —

X. Amerikanische Sprachen.

769 **Ludewig, H. E.** The literature of american aboriginal languages. W. addit. and correct. by W. W. Turner. Lond. 1858. gr. 8°. Sarsbd. Vergriffen.   7. 50
770 **Platzmann, J.** Verzeichniss einer Auswahl amerikanischer Grammatiken, Wörterbücher etc. Leipz. 1876. gr. 8°. (4 M.)   3. —
    Mit sehr genauen bibliograph. u. a. Angaben.
771 **Bertonio, L.** Arte de la lengua Aymara. Publ. de nuevo p. J. Platzmann. Ed. facsim. Leipz. 1879. gr. 8°. (16 M.)   11. —
    M. eigenhänd. Brief d. Herausgebers an Benfey.
772 — Vocabulario de la lengua Aymara. Publ. de nuevo p. J. Platzmann. Edición facsimiliaria. 2 vol. Leipz. 1879. gr. 8°. (38 M.)   25. —
773 **Buschmann, J. C. Ed.** Ueb. d. aztekischen Ortsnamen. 1. (einz.) Abth. Berl. Ak. 1853. 4°. Ppbd. (6 M.)   4. —
774 — Die Sprachen Kizh u. Netela v. Neu-Californien. Berl. Ak. 1856. 4°.   1. 50
775 — Der Athapaskische Sprachstamm. Berl. Ak. 1856. 4°. cart. (6 M.)   4. —
776 — Die Ordinal-Zahlen d. mexican. Sprache. Berl. Ac. 1880. 4°.   2. —
777 **Cox, G. E.** Viaje en las rejiones septentrionales de la Patagonia, 1862—63. Santiago de Chile 1863. gr. 8°. C. un mapa. Hfrzbd. 276 pag.   5. 50
    Hauptsächlich naturwiss. Inhalts. — Enth. u. a. auch eine Abhandlung üb. d. Sprache d. Patagonier.
778 **Dobrizhoffer, M.** Historia de Abiponibus Paraquariae natione. 3 vol. Viennae 1784. 8°. C. tabb. et mappis geogr. Hfrzbde. Selten.   35. —
    Eins der interessantesten Werke über d. Indianer Südamerikas, ihre Sprache, Sitten, Gebräuche etc. Der Verfasser lebte 23 Jahre unter ihnen. — Vol. II: pag. 161 —210: de lingua Abipon. etc.

Otto Harrassowitz in Leipzig.

Amerikanische Sprachen.

M. ₰

779 **Evangeliarium**, epistolarium et lectionarium aztecum, ex antiquo codice Mexicano depromptum c. praefatione, interpretat., annot. et glossario edid. B. Biondelli. Mediolani 1858. gr. 4°. cart. unbeschn. (125 fr.) 45. —
Ein Hauptwerk der Azteken-Sprache; durchgehends Orig.-Text mit gegenüberstehender latein. Uebersetzung. Das (in vielen Ex. fehlende) Glossarium azteco-lat. umfasst 128 pag.

780 **Falkner, Th.** Beschreibung v. Patagonien. A. d. Engl. Gotha 1775. 8°. M. Karte. Ppbd. 2. —
Enth. auch eine Abhandlung üb. d. Sprache d. Patagonier, nebst Vocabular.

781 **Febres, Al.** Diccionario chileno hispano i hispano chileno. Gramatica de la lengua chilena. Enriquecido por Fr. A. Hernandez i Calzada i Fr. M. A. Astraldi. 3 tom. 1 vol. Santiago 1846. kl. 4°. Sarsbd. 35. —
Selten. Bei Trübner die Grammatik allein 42 Sh., bei Maisonneuve das Diccionario 38 fr.

782 **Figueira, P. L.** Arte da grammatica da lingua do Brasil. Lisboa 1795. 4°. Hfrzbd. Selten. 34. —

783 **França, E. F.** Chrestomathia da lingua brazilica. Leipz. 1859. 8°. Ppbd. 3. 50
Pag. 1—138 enthält das Vocabulario.

784 **Gibbs, G.** Dictionary of the Chinook Jargon, or trade language of Oregon. Chinook-engl. and engl.-chin. Wash. 1863. gr. 8°. 4. 50

785 **John**, Apostle. The 3 epistles, translat. into Delaware Indian by C. F. Deucke, w. engl. text. New York 1818. 12°. cart. 3. 50

786 **Grönländisch.** — Jungerutit tuksiutidlo. Kjöbenh. 1801. 12°. Ldrbd. 3. —
Geistliche Lieder etc.

787 **Kleinschmidt, S.** Grönlandske ordbog, udg. ved H. F. Jörgensen. Kjöbenh. 1871. gr. 8°. 460 pag. — Bestes grönländ. Wörterbuch. 9. —

788 **Lang, J. D.** Origin and migrations of the Polynesian nation, demonstrat. their original discovery and progress. settlement of the continent of America. 2ᵈ ed. extended. Sydney 1877. 8°. (10½ Sh.) 6. —

789 **Long, J.** See- u. Land-Reisen, enth. eine Beschreibung d. Sitten u. Gewohnheiten d. nordamerikan. Wilden, nebst Wörterbuch d. Chippewäischen u. and. nordamerikan. Sprachen (63 pag.). A. d. Engl. v. Zimmermann. Hamb. 1791. 8°. 3. —

790 **de Magalhaes.** O Selvagem: Curso da lingua geral comprehend. o texto original de lendas Tupis (281 pag.) Origens, costumes, regiao Selvagem. Rio de Janeiro 1876. gr. 8°. Ppbd. XLIII. 475 pag. 11. —
Der grammatische Theil umfasst 281 pag. — Der ethnographische 195 pag.

791 **Matthews, Wash.** Ethnography and philology (grammar, 50 pag. and dictionary 118 pag.) of the Hidatsa Indians. Washingt. 1877. gr. 8°. Sarsbd. (31½ Sh.) 240 pag. 20. —

792 **Molina, J. J.** Gesch. d. Eroberung v. Chili durch d. Spanier. (Nebst kurz. Begriff u. Wörterb. d. chilen. Sprache.) A. d. Ital. Leipz. 1791. 8°. Hldrbd. 2. 50

793 **Piccolomini, En. S. V.** Grammatica della lingua Otomi secondo la traccia da Luis de Neve y Molina. col vocabol. spagnuolo-otomi-ital. Roma 1841. 8°. 82 pag. 3. —

794 **Radloff, L.** Wörterbuch d. Kinai-Sprache. Hrsg. v. A. Schiefner. St. Petersb. Ac. 1874. 4°. 1. —

795 **Relandi, H.** Dissertationes miscellaneae. 3 tom. 1 vol. Traj. ad Rh. 1706—8. 12°. 7. —
Ausschliesslich üb. oriental. Sprachen u. Geschichte. Geschätzt wegen der umfangreichen Abhandlung in Bd. 3: De linguis Americanis. Selten.

796 **Rodriguez, Zor.** Diccionario de chilenismos. Santiago 1875. gr. 8°. Hfrzbd. 487 pag. 8. —

797 **Testamentiokamit** Mosesim aglegèj siurdleet, Davidim jungerutéj, profetib Esaiasim aglegèj. Kaladlin okåuzeennut nuktersimarsut pllesimit O. Fabricius et N. G. Wolf. 3 Thle. in 4 Bde. Kjöbenh. 1822—25. 8°. Frzbd. 4. —

798 **Testamente Nutak**, eller det Nye Testamente, oversat i det grönlandske sprog, med forklaringer, paralleler etc. af P. Egede. Kjöbenh. 1766. 8°. Hldrbd. 15. —
Sehr seltene erste grönländische Ausgabe des N. Test.

799 **Tschudi, J. J. v.** Die Kechua-Sprache. (Sprachlehre, Sprachproben u. Wörterbuch.) 3 Thle. in 2 Bdn. Wien 1853. gr. 8°. (18 M.) — Titel im Bd. 3 etwas fleckig. Vergriffen. 13. —

	ℳ. ₰
800 **Ewanhelie** di San Matheo, poebl. di C. Conradi. (Evangel. Matth. in creolischer Sprache.) Curaçao 1844. 8º. Hlwdbd.	3. —
801 **Focke, H. C.** Neger-engelsch woordenboek. Leiden 1855. 8º. Sarsbd. (3½ fl.)	4. —
802 **Grégoire, H.** De littérature des Nègres. Paris 1808. 287 pag. Rare.	7. 50
803 **Testament, Die nywe**, ka set over in die Creols tael. Copenh. 1818. 8º. Hfrzbd. 1166 pag. Selten.	4. —
804 **Teza, E.** Il dialetto curassese. Bologna 1863. 8º. (Extr.) 11 pag.	1. 50

XI. Vereinzelt stehende Sprachen.

Baskisch. — Jenissei-Ostjakisch, Jukaghirisch, Singhalesisch. Aino. — Caucasische Sprachen.

805 **d'Abbadie et Chaho.** Etudes grammaticales s. la langue euskarienne. Paris 1836. 8º. Hlwdbd. — M. Bleistiftnot. am Rande.	9. —
806 **Aizquibel, D. J. Fr. de.** Diccionario basco-español, titul. euskeratik erderara diurtzeko ilslegia. Livr. 1—10. Tolosa 1882—83. gr. 4º. Dieses wichtige Werk wird in 25—30 Lief. (à 1.25 M.) complet sein. Es ist dies das einzige baskisch-spanische Wörterbuch.	12. 50
807 **Campion, A.** Orreaga (Roncesvalles), balada escrita en el dialecto Guipuzcoano, acomp. de versiones à los dial. bizcaino, labortano y suletino etc., seguida de observac. gramat. y lexic. Pamplona 1880. gr. 8º. 130 pag. In 14 verschied. baskischen Dialecten, mit grammat. Anmerkgn.	6. —
808 **Cancionero Vasco.** Poesias en lengua euskara, acompañadas de traducciones, noticias biograf., observaciones filològ. y gramaticales etc. p. J. Manterola. 3 Series en 6 vol. San Sebastian 1877—80. 8º. Der letzte Band enthält u. A. ein baskisch-spanisch-französ. Wörterbuch von 108 pag. — Derselbe kann apart für 10 M. geliefert werden.	30. —
809 **(Darigot.)** Dissertation critique et apologétique s. la langue basque. Bayonne 1827. 8º. Hfrzbd. M. zahlr. Bleistiftnot.	3. —
810 **Dechepare, B.** Poësies basques. Publ. d'après l'éd. de 1545 av. trad. franç. Bordeaux 1847. 8º. (Extr.) 82 pag. — Selten.	5. —
811 **Euskal-Erria.** Revista bascongada, publ. p. José Manterola. Vol. I—VI. San Sebastian 1880—82. roy. 8º. Enthält werthvolle Abhandlungen zur Geschichte, Ethnographie, Linguistik, Literatur etc. d. Basken, mit baskischen Texten.	60. —
812 **Evangelium** Lucae en Basco español. Buenos-Aires 1877. 16º. 122 pag.	2. 50
813 **Eys, W. J. v.** Essai de grammaire de la langue basque. 2. éd. revue. Amst. 1867. gr. 8º.	6. —
814 **Felipe.** Andar y Ver, escursion a la provincias del Norte y al Mediodia de Francia. C. un vocabul. vascuence-castell. Madrid 1865. 8º. 180. XX pag.	2. —
815 **Irigoyen, J. Fr. de.** Coleccion alfabetica de apellidos bascongados con su significado. Nueva ed. San Sebast. 1881. 8º. 178 pag.	3. —
816 **Larramendi, M. de.** Corografia ó descripcion general de la muy noble y muy leal provincia de Guipuzcoa. Barcel. 1882. 8º. Frzbd. 298 pag. Erste Ausgabe dieses Werkes des bekannten baskischen Grammatikers; enth. auch ein Capitel: Los dialectos del Vascuence, sowie über baskische Gebräuche, Sitten etc.	5. —
817 **Lécluse, Fl.** Manuel de la langue basque. 2 tom. 1 vol. Toulouse 1826. 8º. Ppbd. Selten. 1. Grammaire. II. Vocabulaire basque-franç. et franç.-basque.	11. —
818 **Michel, Franc.** Le pays Basque, sa population, sa langue, ses moeurs, sa littérature et sa musique. Paris 1857. gr. 8º. Diese grössere Ausgabe enthält die baskischen Originaltexte, die in den späteren Ausgaben fehlen.	6. —
819 **(Michel, Fr.)** Le romancero du Pays Basque. Paris 1859. 8º.	1. —
820 **Pott, Fr. A.** Ueb. vaskische Familiennamen. Detmold 1875. 8º.	1. 50
821 **Velasco, L. de y F. de la Cuesta.** Los Euskaros en Alava, Guipuzcoa y Vizcaya; sus origenes, historia, lengua, costumbres y tradiciones. Barcel. 1879. gr. 8º. C. 11 lam. y mapa. 560 pag.	10. —
822 **Yrizar y Moya.** De l'Eusquere et de ses erderes, ou de la langue basque et de ses dérivés. 5 vol. Paris 1841—45. 8º.	15. —

34 Ostjakisch. Singhalesisch. Aino. Caucasische Sprachen.

M. ₰

823 **Castrèn, Al.** Versuch ein. jenissei-ostjak. u. kottischen Sprachlehre nebst Wörterverzeichnissen. Hrsg. v. A. Schiefner. St. Petersb. 1858. gr. 8°. (4½ M.)   3. —
824 **Kuhn.** Ueb. d. ältesten arischen Bestandtheil d. singhales. Wortschatzes. Münch. Ac. 1879. 8°. 35 pag.   1. —
825 **Schiefner, A.** Beiträge zur Kenntniss d. jukagirischen Sprache. 3 Thle. St. Petersb. Ac. 1859—71. 8°. 102 pag.   2. —

826 **Dobrotworski, M. M.** Aino-Russisches Wörterbuch. Kasan 1876. gr. 8°. 76 pag. Einleit. 487 pag. u. Nachtrag 94 pag.   12. 50
827 **Pfizmaier.** Beitrag zur Kenntniss d. Aino-Poesie. 3 Thle. — Ueb. d. Bau d. Aino-Sprache. — Ueb. d. Wörtersammlung d. Sprache von Sagalien. Wien. Ac. 1849—51. 8°. Vergriffen.   2. 25
828 — Untersuch. üb. den Bau d. Aino-Sprache. Wien. Ac. 1851. 8°. Hlwdbd. 1. 50

829 **Histoire** de la Géorgie depuis l'antiquité, publ. en Géorgien p. Brosset. 1e partie: hist. ancienne jusqu' en 1469 de J.-C. 2 vol. St. Petersb. 1849—50. 4°. (13¼ M.)   10. —
830 **Orbelian.** Das Buch d. Weisheit u. d. Falschheit. Grusinische Märchen u. Erzählungen d. 17—18. Jahrh. Ins Russische übersetzt u. erklärt von A. Zagateli. St. Petersb. 1878. gr. 8°. XIX, 247 pag.   8. —
831 **Schiefner, A.** Versuch üb. d. Awarische. St. Peterb. Ac. 1862. 4°.   1. 25
832 — Ausführl. Bericht üb. P. v. Uslar's awarische Studien. St. Peterb. Ac. 1872. 4°. (4¾ M.)   3. 50
833 — Ausführl. Bericht üb. P. v. Uslar's abchasische Studien. St. Petersb. Ac. 1863. 4°.   1. 25
834 — Versuch üb. d. Sprache d. Uden. St. Petersb. Ac. 1863. 4°.   2. 50
835 — Ausführl. Bericht üb. P. v. Uslar's hürkanische Studien. St. Petersb. Ac. 1871. 4°. (5¼ M.)   3. —
836 — Ausführl. Bericht üb. P. v. Uslar's kasikumükische Studien. St. Petersb. Ac. 1866. 4°. (3¾ M.)   2. 50
837 — Ausführl. Bericht üb. P. v. Uslar's kürinische Studien. (Grammat. Texte m. Uebersetz. u. Glossar.) St. Petersb. Ac. 1873. 4°. (6¾ M.)   4. —
838 — Kurze Charakteristik d. Thusch-Sprache. St. Petersb. Ac. 1854. 8°. 25 pag.   1. —
839 — Tschetschenzische Studien. St. Petersb. Ac. 1864. 4°.   2. —
840 **Tchoubinoff, D.** Dictionnaire géorgien-russe-français. St. Pétersb. 1840. gr. 4°. — Quaritch 50 Sh.   20. —

Geographie, Ethnographie u. Geschichte des Orients.

Allgemeine Schriften.

841 **de Aarde en haar volken.** (Vom Beginn. Jahrg. 1—6.) Haarl. 1865—70. 4°. M. zahlr. schönen Holzschnitten. (54 M.)   16. —
842 **Aardrijkskundig Genootschap:** Tijdschrift van het aardrijkskundig Genootschap te Amsterdam, onder redactie v. C. M. Kan en N. W. Posthumus. Bd. I., II. u. III., Nr. 1—4. Amst. 1876—78. — Nebst Bijbladen 1—4: (Koolemans Beynen, de reis d. Pandora naar de Noordpoolgewesten, zomer 1875. — de Bas, de residentie-kaarten van Java en Madoera. — Schouw Santvoort, plan v. een onderzoekingstocht in Midden-Sumatra. — Koolemans Beynen, de reis d. Pandora, zomer 1876) u. Sumatra Expeditie, Berichten ontleend aan de rapporten en correspondentien d. Sumatra-Expeditie Nr. 1—7. Ibid. 1876—78. 4°. M. zahlr. Karten, Facsim. alter Karten etc. Bd. I. u. II. d. Tijdschrift in Sarsbdn., d. Rest broch. (53¾ fl.)   50. —
Die ersten 2 Bände sind vergriffen.

Antiquarischer Catalog Nr. 93.

Geographie, Ethnographie u. Geschichte des Orients. 35

M. S

843 **Annales hydrographiques**, recueil d'avis, instructions, documents et mémoires relat. à l'hydrographie et à la navigation, publ. p. le dépot général de la marine. Vol. 1—44. Av. Tableaux de population, de culture, de commerce et de navigation pour 1863 à 70 et Catalogue des cartes, plans, vues etc. de l'hydrographie franç. Paris 1849—78. gr. 8°. Av. nombr. planches. (ca. 360 fr.) 80. —

Es fehlt Vol. 10, sowie die Titel zu vol. 9, 18 u. 34.

844 **Annales de la marine et des colonies.** Publié par Bajot et Poirré. Serie complète: 105 vols. et 3 vols. de tables générales. Paris, Imprimerie Royale, 1818—51. — Continuation: Nouv. Annales de la marine et des colonies. Série complète: 32 vol. 1849—64. — Continuation: Revue maritime et coloniale. Vol. 13—63. 1865—79. gr. 8°. Avec planches et cartes. (ca. 1800 fr.) 400. —

Complete Serie von Anfang an dieser werthvollen Zeitschrift. Der 13. Band der Revue maritime bildet die unmittelbare Fortsetz. der vorhergehenden Serie: Nouv. Annales etc. — Im Jahrg. 1827 fehlt Bd. 31 (partie officielle) u. im Jahrg. 1863 das November-Heft.

Jeder Jahrgang zerfällt in 2 Abtheilungen; die erstere (partie officielle) enthält die Publicationen des Marine- u. Colonien-Ministeriums, während die zweite unter dem Titel: Sciences et arts (etwa zwei Drittel des Ganzen ausmachend) einen überaus reichen Schatz werthvoller Abhandlungen aus allen Gebieten des See- u. Colonialwesens enthält. — So vollständ. Exx. sind von grosser Seltenheit.

845 **Berghaus, H.** Allgemeine Länder- u. Völkerkunde. 6 Bde. Stuttg. 1837—44. gr. 8°. M. Taf. Lwdbde. (32 M.) 6. —

846 **Cook, J.** Voyage dans l'hémisphère austral et autour du monde, 1772—75, dans lequel on a inséré la relat. de Furneau et celle de Forster. Trad. de l'anglais (p. Suard). 5 vol. Paris 1778. 4°. Av. 65 pl. Frzbde. Schönes Ex. 42. 50

847 — Troisième voyage, ou voyage à l'Océan Pacifique, 1776—80. Trad. de l'anglais (p. Demeunier). 4 vol. Paris 1785. 4°. Av. 88 pl. Frzbde. 12. —

848 — **Cartes** et figures des voyages entrepris p. faire des découvertes dans l'hémisphère méridion. p. Cook etc. Rédigés p. J. Hawkesworth. Paris 1774. 4°. Frzb. 3. —

Enth. d. 52 Taf. zu d. Hawkesworth'schen Collection d. ersten Reisen Cooks.

849 **Dumont d'Urville.** Entdeckungs-Reise d. französ. Corvette Astrolabe, 1826—29. Historischer Theil. Schaffh. o. J. fol. M. 60 Taf. Sarsbd. — Einige Tafeln lose. 8. —

850 — Reise nach d. Südpole u. nach Ozeanien auf d. Corv. Astrolabe u. Zelée, 1837—40. Nach d. Französ. 3 Bde. Darmst. 1846—48. 8°. M. 10 Karten. Ppbde. (30 M.) 8. —

851 **Forster, G.** Geschichte d. Reisen die seit Cook an d. Nordwest- u. Nordost-Küste v. Amerika unternommen. 3 Bde. Berl. 1791. 4°. M. Kupf. u. Karten. Hfrzbde. 8. —

852 der **Globus.** Zeitschrift d. neuesten Erdbeschreibung nebst zugehör. Landcharten. Hrsg. v. Fr. W. Streit u. J. G. Fr. Cannabich. Bd. 1 u. 2 (soviel erschienen.) Erfurt 1822—26. 4°. M. 16 Kart. Hfrzbde. (12 M.) Nicht häufig. 5. —

853 **Globus.** Illustrirte Zeitschrift f. Länder u. Völkerkunde, hrsg. v. R. Andrée. Bd. 1—30. Hildburgh. u. Braunschw. 1861—76. gr. 4°. Bd. 6—15. Hlwdbde., d. Rest br. (279 M.) 100. —

Die ersten Bände sind vergriffen u. vollständige Ex. nicht häufig. — Bd. 26—30 aus ein. Lesezirkel u. stark gebraucht, Bd. 26 ohne Titel.

854 **Hawkesworth, J.** Geschichte d. See-Reisen u. Entdeckungen im Süd-Meer, ausgeführt v. Byron, Wallis, Carteret u. Cook. A. d. Engl. v. J. Fr. Schiller. 3 Bde. Berl. 1774. 4°. M. viel. Kupf. u. Karten. Ppbde. 8. —

855 **Heinzelmann, Fr.** Die Weltkunde in einer planmässig geordneten Rundschau d. wicht. neueren Land- u. Seereisen. 16 Bde. u. Supplement: Das deutsche Vaterland in Bildern u. Skizzen. 5 Bde. Zusammen 21 Bde. Leipz. 1847—60. gr. 8°. M. Karten u. Kupfertaf. (87½ M.) 15. —

856 **Jahresbericht** des Vereins für Erdkunde zu Dresden. Bd. 1—17 nebst Nachtrag zu Bd. VI. VII u. XVII. Dresd. 1865—80. 8°. M. Kart. u. Taf. (31 M.) 14. —

Enth. zahlr. interess. Arbeiten zur Gesch. d. Geographie, u. A.: Wuttke, z. Gesch. d. Erdkunde im M.-A. M. 10 Karten. — Weinhold, Feddermann's Reisen in Venezuela, 1529—31. — Ruge, d. Chaldäer Seleukos. — Newe Zeytung aus Presilg Land etc.

Otto Harrassowitz in Leipzig. 3*

36 Geographie, Ethnographie u. Geschichte des Orients.

M. ₰

857 **Heubeldinck's Reisewerk:** Oost-Indische ende West-Indische Voyagien. 10 Bde. Amsterdam, Mich. Colijn, 1617—19. 4° obl. carton. 500. —
 Eine der seltensten u. fast nie in vollständiger Reihe vorkommende Sammlung alter holländischer Reisen nach Ost- u. West-Indien. Dieselbe umfasst folgende Reisen, jede mit besonderem Titel (vergl. die ausführliche Beschreibung in Tiele's Mémoire bibliograph.):
 I. de Veer's Reisen in die Nordländer.
 II. Houtman's Ostindische Reise.
 III. van Neck's Ostindische Reise.
 IV. Spilbergen's Ostindische Reise.
 V. Marees Beschreibung v. Guinea.
 VI. Candish u. Drake, Reise um die Welt.
 VII. Raleigh u. Drake, Beschreibung von Guiana. — Dieser Theil, einer der wichtigsten) fehlt fast in allen Ex. u. liegt hier in einem sehr guten Ex. vor.
 VIII. Bicker u. Hoemskerck, Reise nach Rio Plata u. der Magellan. Strasse.
 IX. de Weert's Reise um die Welt.
 X. van Noort's Erdumsegelung.
 Vortreffliches u. (mit Ausnahme des 10. Theils, in welchem pag. 60—70 fehlen) ganz vollständiges Ex., mit einer grossen Anzahl Karten, Kupfer etc., die, meist nach den Original-Aufnahmen angefertigt, an Werth weit die de Bry'schen übertreffen. Auch was den Text betrifft, verdient die Sammlung besondere Beachtung, da die Originalberichte u. die Schiffs-Journale derselben zu Grunde gelegt wurden.

858 **Jahresbericht** d. Vereins von Freunden d. Erdkunde zu Leipzig. Bd. 1—14. 18—21. Leipz. 1862—82. 8°. M. Karten etc. (63¾ M.) 30. —
 Enthält zahlr. interessante Arbeiten. Bd. 12—21 u. d. T.: Mittheilungen d. Vereins f. Erdkunde.

859 **Journal** f. d. neuesten Land- u. Seereisen. Hrsg. v. Bratring, Salfeld u. Spiker. Bd. 1—12, 16—18, 25—54. Berl. 1808—26. 8°. M. Kupf. u. color. Trachtenbildern. Hfrzbde. u. Ppbde. — Bd. 11 u 34 ohne Titel. 10. —

860 **Kiepert, Gräf** u. **Bruhns.** Hand-Atlas d. Erde u. d. Himmels. 42. Aufl. 70 color. Blätter. Weimar (1863). gr. fol. Hfrzbd. (71 M.) 25. —

861 **Klöden, G. A. v.** Handbuch d. Erdkunde. 3. verb. Aufl. Bd. 1—3 (Phys. Geographie u. Europa.) Berl. 1873—77. gr. 8°. M. Holzschn. (40 M.) 22. —
 Der fehlende Bd. 4 (die aussereurop. Länder enthaltend) kostet neu 14 M.

862 **Kotzebue.** Entdeckungen in d. Südsee u. nach d. Beringsstrasse (1815 —18) zur Erforschung ein. nördl. Durchfahrt. 3 Bde. St. Petersb. 1821—23. 4°. M. 10 color. u. 3 schwarzen Kupf. u. Atlas v. 21 Kart. in gr. fol. Ppbde., Atlas br. 50. —
 Die werthvolle russische Originalausgabe; der grosse Atlas ist sehr selten.

863 **Mittheilungen** d. k. k. geographischen Gesellschaft. Bd. 1—21 u. 22 Heft 1—10. Wien 1857—79. gr. 8°. M. Taf. Bd. 12—19 Ppbde., d. Rest broch. (236 M.) 115. —
 Die vollständige Serie, nicht häufig vorkommend.

864 **Ocean Highways.** Edit. by Clem. R. Markham. New series. Vol. I. (the only publ.) and continuation: The Geographical Magazine. Vol. I—V. (all published.) Lond. 1873—78. 4°. W. 134 maps. Hsarsbde. 100. —
 Schönes vollständiges Ex. dieser werthvollen, im Buchhandel z. Th. vergriffenen Zeitschrift.

865 **Petermann, A.** Mittheilungen aus J. Perthes' geograph. Anstalt. Vom Beginn: 1855—78. Nebst Ergänzungsheften 1—24. 27—29. 32. u. 34—56. u. Inhaltsverzeichniss zu Jahrg. 1855—64. Gotha 1854—78. 4°. M. zahlr. Karten. Jahrg. 1873—78 u. Ergänz.-Heft 34—52 in 7 Hfrzbdn, d. Rest br. 210. —
 Wohlerhaltenes Ex. Im Buchhandel nicht mehr complet zu haben.

866 **(Prevost.)** Allgem. Historie d. Reisen zu Wasser u. zu Lande, od. Sammlung aller Reisebeschreibungen üb. Europa, Asia, Africa u. America. 21 Bde. Leipz. 1747—74. 4°. M. zahlr. Kupf. u. Kart. 12 Prgtbde. u. 9 Frzbde. 20. —

867 **Quad, Matth.** Compendium universi, compl. geographicarum enarrationum libros, ex quibus totius terrarum orbis situs, regionum et aquarum qualitates, urbium primordia, gentium mores etc. Colon. Agr. 1600. 12°. Lädirter Prgtbd. 6. —
 Selten u., wie alle Schriften Quad's, interessant u. gesucht.

868 die **Reise** um die Welt. Bibliothek d. vorzügl. neueren Reisebeschreibungen hrsg. v. ein. Vereine Gelehrter. Karlsruhe 1864. gr. 8°. M. 24 Stahlst. u. Karte. Sarsbd. Vergriffen. 2. 50

869 **Schütz.** Allgemeine Erdkunde oder Beschreib. aller Länder des 5 Welttheile, ihrer Lage, ihres Klimas, Naturproducte, Kunstwerke, Lebensart, Handel, Wissenschaften etc. 32 Bde. Wien 1829—33. 8°. Mit zahlr. Kupfern. Ppbd. m. Titel. Hübsches Ex. (144 M.) 15. —

Antiquarischer Catalog Nr. 93.

Geographie u. Ethnographie Asiens. 37

870 **Soltau, D. W.** Geschichte d. Entdeckungen u. Eroberungen d. Portugiesen im Orient. 1415—1539. 5 Thle. in 3 Bdn. Braunschw. 1821. 8°. Ppbde. (22½ M.) 5. —
871 **Thevenot's** Reyse in Europa, Asia u. Africa. A. d. Französ. 3 Thle. in 1 Bde. Franckf. 1693. 4°. M. Kupfern. Prgtbd. 3. —
872 **Tidskrift,** Geografisk, udgivet af bestyrelsen for det kgl. danske geograf. selskab og rediger. af Ed. Erslev. Bd. 1—5. Kjöbenh. 1877—81. 4°. M. Taf. u. Kart. (60 Kron.) 95. —
873 **Tijdschrift** van het Aardrijkskundig Genootschap te Amsterdam, onder redactie v. C. M. Kan en N. V. Posthumus. Bd. I, No. 1—6 u. Bd. II, No. 2—4. Amst. 1874—77. 4°. M. Karten. (19¾ fl.) 5. —
874 **Univers Pittoresque.** Histoire et description de tous les peuples, de leurs religions, moeurs, coutumes etc. avec près de 4000 gravures représentant le sites, les monuments, les costumes, objets d'art etc. et nombr. cartes. 70 vol. Paris, Didot, 1835—63. 8°. cart. (400 fr.) 175. —
   Die vollständige Serie dieses interessanten Werkes z. grossen Theil von d. bedeutendsten französ. Gelehrten bearb., u. a. Munk, Noël des Vergers, Pauthier, Ubicini, Pouqueville, Le Bas u. A. — Dasselbe umfasst: Europa in 45 Bdn. (wovon 17 allein für Frankreich), Afrika in 7 Bdn., Asien in 12 Bdn., Amerika in 5 u. Occanien in 3 Bdn. — Wohlerhaltenes Ex.
875 **Verhandelingen** en berigten betrekkelijk het zeewezen, de zeevaartkunde, de hydrographie, de koloniën etc. Uitgeg. d. Schröder, J. G. A. Tindal en J. Swart. Nieuwe volgorde. Complet 30 Bde. nebst Fortsetz.: Tijdschrift voor het zeewezen, red. J. Swart. Jaarg. 1—8. Amst. 1837 —78. gr. 8°. M. viel. Kart. u. Taf. 2 Hfrzbde., d. Rest br. (228 fl.) 125. —
   Vollständiges Ex. dieser in solcher Reihenfolge selten vorkommenden Zeitschrift, welche durch ihre zahlreichen Artikel über die alten holländischen Reisen u. Entdeckungen im 16. u. 17. Jahrhundert (zumeist aus noch nicht veröffentlichten Urkunden etc. entnommen) einen hervorragenden Werth für die Geschichte der geographischen u. nautischen Wissenschaften hat.
876 **Versameling,** Naaukeurige, der gedenkwaardigste reysen naar Oost- en West-Indien, sedert 1246—1696. 28 tom. 18 vol. (Complet!) Leiden, P. v. d. Aa, 1707. 8°. Av. nombr. pl. et cartes. d. vél. 36. —
   Collection importante de voyages en Asie et en Amérique, faits par diverses nations. 1246—1696.
877 **Welt, die Ausser-Europäische,** od. Jahrbuch d. Wissenswürdigsten aus d. Kunde fremder Länder u. Völker. 3 Bde. (Englisch-Ostindien. Japan. China.) Karlsruhe, Kunstverlag, 1858—59. gr. 8°. M. 84 Stahlst. u. 2 Kart. Sarsbde. (ca. 30 M.) 6. —
878 **Zeitschrift** f. allgem. Erdkunde. Cpl. 6 Bde. — Neue Folge. Cplt. 19 Bde. — Fortsetz.: Zeitschrift d. Gesellschaft f. Erdkunde. Bd. 1, 2. Berl. 1853 —67. 8°. M. viel. Taf. u. Karten. Gebunden u. br. 60. —

Asien.

879 **Abel-Rémusat.** Mémoires sur les relations politiques des princes chrétiens et particulièrement des rois de France avec les empereurs mongols suivies des pièces diplomat. Paris, Impr. Roy., 1824. 4°. Av. 7 pl. facsim. 104 pag. 2. —
880 **Abhandlungen** Sinesischer Jesuiten üb. d. Geschichte, Wissenschaften, Sitten u. Gebräuche d. Sinesen. A. d. Französ. m. Anmerkgn. v. Chr. Meiners. 1. (einz.) Bd. Leipz. 1778. 8°. M. Kupf. Ppbd. (6¼ M.) 2. —
881 **Andree, R.** Das Amur-Gebiet u. s. Bedeutung, nach d. neuesten Berichten v. Michie, Radde u. A. Leipz. 1867. 8°. M. zahlr. Illustr. u. Karte. Sarsbd. (4 M.) 1. 50
882 **de Bas, F.** De residentie-kaarten v. Java en Madoera. Uitgeg. v. het Aardrijkskundig Genootschap. Amst. 1876. 4°. M. 2 Kart. 1. —
883 **Bastian, A.** Die Völker d. östl. Asien. Studien u. Reisen. 6 Bde. Leipz. u. Jena 1866—71. 8°. M. Karte. Hlwdbde. (62 M.) 40. —
884 **Beke, Ch.** Discoveries of Sinai in Arabia and of Midian. Lond. 1878. gr. 8°. W. portr., map and plates. Sarsbd. (38 Sh.) 20. —
885 **Bergeron, P.** Voyages faits en Asie dans les 12.—15. siècles p. Benjamin de Tudèle, Jean du Plan-Carpin, N. Ascelin, Marc Paul, Haiton, Mandeville, Ambr. Contarini etc. 2 vol. La Haye 1735. 4°. Av. cartes. cart. non rogn. — Nicht häufig u. geschätzt. 14. —

Otto Harrassowitz in Leipzig.

Geographie u. Ethnographie Asiens.

886 **Bergmann, B.** Nomadische Streifereien unter d. Kalmüken. 4 Bde. Riga 1804—5. 8°. Hldrbde. 4. 50
887 **Bickmore, A.** Travels in the East Indian Archipelago. Lond. 1868. 8°. W. maps and illustr. Sarsbd. (21 M.) — Einige Bleistiftstreiche. 5. —
888 — Reisen im Ostindischen Archipel 1865 u. 1866. A. d. Engl. v. J. E. A. Martin. Jena 1869. gr. 8°. M. 36 Holzschn. u. 2 Kart. (8 M.) 3. —
889 **Bird, J. L.** Unbetretene Reisepfade in Japan. Eine Reise in d. Innere d. Landes u. nach d. heil. Stätten v. Nikko u. Yezo. A. d. Engl. 2 Thle. in 1 Bde. Jena 1882. gr. 8°. M. Illustr. u. Karte. Hsarsbd. (10 M.) 6. —
890 **Bizari, P.** Rerum persicar. historia. Acced. Itineraria persica Jos. Barbari et A. Contareni etc. Francof. 1601. fol. Prgtbd. 4. —
891 **de Bruyn, C.** Reizen door Klein-Asia, Palestina en over Moscovien door Persië en Indië. 2 Bde. Delft en Amsterd. 1698—1714. fol. Frzbde. 12. —
  Geschätzt wegen der Treue der zahlreichen (450) schönen Kupfertaf., darunter zahlr. Abbildgn. d. Alterthümer v. Persepolis, s. Inschriften etc.
892 **Burnes, A.** Kabul. Schilderung ein. Reise nach dies. Stadt u. d. Aufenthaltes daselbst, 1836—38. A. d. Engl. v. Th. Oelkers. Leipz. 1843. 8°. M. 12 Kupf. (9 M.) 2. —
893 **Burton** and **Drake.** Unexplored Syria. Visits to the Libanus, the Tulùl el Safá, the Anti-Libanus, the Northern Libanus and the Alâh. 2 vol. Lond. 1872. gr. 8°. W. map and 25 pl. Sarsbde. (32 M.) 18. —
894 **Busbequii** Epistolae deque rebus turcicis quae extant. Dresd. 1689. — Acc.: Ecclesiae orient. antiquitates, Barberini, Allatii, Buxtorffii alior. dissertatt. enucleatae. Lips. 1683. — Mahomedis II., magni Turci, epistolae. Lips. 1689. — Pomponii Melae De situ orbis, ex rec. A. Schotti. Rint. 1666. 12°. 1 Prgtbd. 3. —
895 **Callery and Yvan.** History of the insurrection in China, w. notices of the christianity, creed and proclamations of the insurgents. Translat. from the French by Oxenford. Lond. 1853. 8°. W. map and portr. Sarsbde. 328 pag. 2. —
896 Χαμουδοπουλος, Μ. και Χρ. Ἱστορια της ὀθωμανικης αὐτοκρατοριας. Τομ. ἀ. Ἐν Σμυρῃ 1874. 8°. 148 pag. 2. —
897 **Chardin.** Voyage en Perse et autres lieux de l'Orient. 4 vol. Amst. 1735. 4°. Av. 80 pl. Frzbde. Schönes Ex. — Meilleure édition. Brunet: 45 à 60 fr. 25. —
898 **Chronicon** peregrinantis s. historia ultimi belli Persarum cum Aghwanis gesti. Lat. edid. J. Chr. Clodius. Lips. 1734. 4°. 108 pag. 3. —
899 **Clavijo, Ruy Gonzalez de.** Narrative of his embassy to the court of Timour at Samarcand, 1403—6. Translat. for the first time, w. notes, introduct. life of Timour Beg etc. by Cl. R. Markham. Lond., Hakluyt Soc., 1859. gr. 8°. W. map. Sarsbd. 60. —
  Eine d. seltensten u. gesuchtesten Publicationen d. Hakluyt Soc.
900 **Clot-Bey, A. B.** Aperçu général sur l'Egypte. 2 vol. Paris 1840. 8°. Av. cartes. Vergriffen u. selten. 9. —
901 — 2 vol. Brux. 1840. 8°. Av. cartes et plans. 2. 50
902 **Dapper, O.** Asia, od. ausführl. Beschreibung d. Reichs d. grossen Mogols u. ein. grossen Theils v. Indien. Nebst Vorstellung d. Kgr. Persien, wie auch Georgien, Cirkassien etc. Uebers. von J. Chr. Beern. Nürnb. 1681. fol. M. viel. Kupf. u. Karten. Frzbd. 3. —
903 — Beschreibung d. Keyserth. Sina od. Taising. Amst. 1676. fol. M. Kupf. 2. 50
904 **Deguignes.** Allgem. Geschichte d. Hunnen u. Türken, d. Mogols u. and. occidental. Tartarn. A. d. Französ. v. J. C. Dähnert. 5 Bde. Greifsw. 1766—74. 4°. Hfrzbde. 10. —
905 **Dorn, B.** Caspia. Ueb. d. Einfälle d. alten Russen in Tabaristan nebst Zugaben üb. and. von ihnen auf d. Kaspischen Meere u. in d. anliegend. Ländern ausgeführte Unternehmungen. St. Petersb. Ak. 1875. 4°. M. 2 Kart. (13¼ M.) 9. —
906 **Du Halde, J. B.** Beschreibung d. chines. Reichs u. d. grossen Tartarey. A. d. Franz. v. Mosheim. 4 Bde. u. Zusätze. Rost. 1747—56. 4°. M. Kupf. 5 Hfrzbde. 5. —
907 **Duhousset, E.** Études sur les populations de la Perse et pays limitrophes. Paris 1863. 8°. Av. 14 pl. (Extr.) 48 pag. 2. —
908 **Ernouf.** Cachemire et Petit Thibet d'après la relation de Drew. Paris 1877. 8°. Av. 11 grav. et une carte. 2. —

Antiquarischer Catalog Nr. 93.

Geographie u. Ethnographie Asiens. 39

M. ₰

909. **Expedition, d. preussische,** nach Ost-Asien. Ansichten aus Japan, China u. Siam. 10 Hefte in 1 Bde. Berl. 1865—73. roy. fol. Hfrzbd. (300 M.) 80. —
Schönes Ex. dieses Prachtwerkes, enthält 60 z. Th. colorirte Tafeln (nach d. Originalen der die Expedition begleitenden Künstler) mit Text in deutscher, französ. u. engl. Sprache. Dasselbe erschien auf Kosten der preuss. Regierung.

910. **Eyriès, J. B.** Malerische Reise in Asien u. Afrika. A. d. Französ. von A. Diezmann. Leipz. 1841. 4°. M. 2 Kart. u. 69 Taf. Hfrzbd. (15 M.) 4. —

911. **Fallmerayer, J. Ph.** Fragmente aus d. Orient. 2 Bde. Stuttg. 1845. 8°. Hfrzbde. (12 M.) 7. 50

912. **Faria y Sousa, Man. de.** Asia Portuguesa. 3 vol. Lisboa 1674—1703. fol. M. Portr. u. Taf. Frzbde. 65. —
Seltenes u. geschätztes Werk. In Bd. 3 ist der Titel u. eine Ecke von Blatt 245 handschriftlich facsimilirt, sonst ist das Ex. sehr wohlerhalten.

913. **Filippi, F. de.** Viaggio (scientif.) in Persia. Mil. 1865. gr. 8°. Hjuchtenbd. 4. 50

914. **Fleming, G.** Travels on horseback in Mantchu Tartary. Lond. 1863. roy. 8°. W. numer. illustr. cloth. (42 M.) 8. —

915. **Freygang, W. de.** Lettres s. le Caucase et la Géorgie, suiv. d'une relation d'un voyage en Perse. Hamb. 1816. 8°. cart. (7½ M.) 2. 50

916. **de Goeje, M. J.** Das alte Bett d. Oxus Amu-Darja. Leid. 1875. 8°. M. Karte. 2. 25

917. **Gutzlaff, Ch.** China opened, or a display of the topography, history, customs, manners, arts, literature, religion etc. of the Chinese Empire. Revis. by A. Reed. 2 vol. Lond. 1838. 8°. W. map. Sarsbde. (24 Sh.) 5. —

918. **Hammer, Jos. v.** Geschichte d. osmanischen Reiches. 10 Bde. Pest 1827—35. gr. 8°. M. Karten. Hfrzbd. Ex. auf Velinpapier. (240 M.) 45. —

919. — Histoire de l'Empire Ottoman. Trad. de l'Allemand p. J. J. Hellert. 18 vol. Paris 1835—43. 8°. Av. un atlas de 39 cartes in fol. (480 fr.) Im Atlas fehlen Taf. 2 u. 29. — Vergriffen u. nicht häufig. 25. —

920. — Geschichte d. Ilchane, d. i. d. Mongolen in Persien. 2 Bde. Darmst. 1842—43. gr. 8°. Hfrzbde. 3. —

921. **Häntzsche, J. C.** Talysch, eine geografische Skizze. Dresd. 1867. 8°. 1. —

922. **Hanway, J.** (Merchant.) Historical account of the British trade over the Caspian Sea, with a journal of travels through Russia into Persia etc. 4 vol. Lond. 1753. 4°. W. maps and plates. Frzbde. 16. —
Beste Ausgabe. Wichtig für d. Geschichte des Orient-Handels. Quaritch 28 Sh.

923. **Heine, W.** Reise um d. Erde nach Japan, 1853—55, unternommen im Auftr. d. Regier. d. Verein. Staaten. Leipz. 1856. gr. 8°. M. 10 Tonbild. Hldrbde. (18 M.) — Aus einer Leihbibliothek. 5. —

924. — Dasselbe. Hfrzbd. Schönes Ex. 5. —

925. — Japan u. s. Bewohner. Leipz. 1860. gr. 8°. (5½ M.) 2. 50

926. **Hellwald, Fr. v.** Die Russen in Centralasien. Augsb. 1873. 8°. Sarsbd. 2. 50

927. **Heyd, W.** Studien üb. d. Colonien d. röm. Kirche welche Dominicaner u. Franciscaner im 13. u. 14. Jahrh. in d. v. d. Tartaren beherrschten Ländern Asiens u. Europas gegründet. Gotha, Zeitschr. f. histor. Theol., 1858. gr. 8°. 64 pag. 2. 50

928. **Heydt, J. W.** Allerneuester geographisch- u. topographischer Schau-Platz v. Africa u. Ost-Indien, od. ausführl. Vorstellung u. Beschreibung der wichtigsten d. holländ.-ostind. Compagnie in Africa u. Asia zugehörigen Ländern, Küsten u. Insulen. 86 Tafeln m. erläut. Text. Willhermsdorff 1744. fol. Hprgtbd. 5. —
Selten! Leider enthält das Ex. nur 86 statt 115 Tafeln.

929. **Hill, S. S.** Travels in Siberia. 2 vol. Lond. 1854. 8°. Sarsbde. Gelesen. 3. 50

930. **Huc.** Travels in Tartary, Thibet and China, 1844—46. Translat. from the French by W. Hazlitt. 2. ed. 2 vol. Lond. (1852.) 8°. W. 50 engrav. Lwdbde. 3. —

931. — A journey through the Chinese empire. 2 vol. New-York 1855. 8°. W. map. Sarsbd. 3. 50

932. **Hutton, J.** Central-Asia from the Aryan to the Cossack. Lond. 1875. 8°. Sarsbd. (14 Sh.) 6. —

933. **Jaubert, P. Am.** Voyage en Arménie et en Perse, précédé d'une not. s. l'auteur p. Sédillot. Paris 1860. gr. 8°. 368 pag. 3. —

934. **Kaempfer, E.** Beschryving van Japan. Overgezet d. J. G. Scheuchzer. Amsterd. 1733. fol. M. 45 Taf., Karten, Schrifttaf. etc. Frzbd. — Taf. 8 eingerissen, Taf. 33 fehlt. 3. —

Otto Harrassowitz in Leipzig.

Geographie u. Ethnographie Asiens.

M. ₰

935 **Kämpfer, E.** Histoire naturelle, civile et ecclésiast. du Japon, trad. p. J. G. Scheuchzer. 3 vol. La Haye 1732. 8°. Av. pl. veau. 5. —

936 **Kantemir, D.** Geschichte d. Osmanischen Reiches. A. d. Engl. Hamb. 1745. 4°. M. 22 Portr. u. Karte. Prgtbd. 3. —

937 — Istori'a Imperiului Ottomanu, 1214—1711. Trad. cu note instr., ind. etc. de Jos. Hodosiu. 2 partt. Bucur. 1876—78. gr. 8°. M. facs. Taf. 807. CXXXVI pag. — Operele. III. IV. 18. —
Auf Kosten d. rumän. Akademie herausgegeben.

938 **Käuffer, J. E. R.** Gesch. v. Ost-Asien. 3 Bde. Leipz. 1858—60. gr. 8°. (33 fl.) 10. —

939 **Kaye, J. W.** History of the war in Afghanistan. 2 vol. Lond. 1851. gr. 8°. Sarsbde. (36 M.) 10. —

940 **Kutzner, J. G.** Die Reise d. Prinzen Waldemar v. Preussen nach Indien, 1844—46. Berl. 1857. gr. 8°. M. Portr., 4 Karten u. 4 Plänen. cart. (9½ M.) 3. —

941 **Laborde, Leon de.** Voyage en Orient. (I. Asie Mineure. II. Syrie.) Publié avec le concours d'Alex. de Laborde, Becker et Hall. 2 vol. Paris 1838 —62. roy. fol. cart. (400 fr.) 230. —
Prachtwerk mit 260 schönen Tafeln, besonders zur Archäologie. — Neues tadelloses Ex.

942 **Laet, J. de.** De imperio magni Mogolis s. India vera comment. e variis auctoribus congestus. Lugd. B., ex offic. Elzevir. 1634. 16°. Prgtbd. 285 pag. 3. —

943 **Lagus, W.** Erik Laxman, hans lefnad, resor, forskningar och brefvexling. Helsingfors 1880. gr. 8°. M. 3 Kart. 331. 446 pag. 4. —
Laxman starb 1786 als Landeshauptmann in Tobolsk.

944 **Laird, E. K.** The rambles of a globe trotter in Australasia, Japan, China, Java, India and Cashmere. 2 vol. Lond. 1875. gr. 8°. W. map. and 40 illustr. (photograph.) Sarsbde. (32 Sh.) 8. —

945 **Lapinski, Th.** Die Bergvölker d. Kaukasus u. ihr Freiheitskampf gegen d. Russen. 2 Thle. in 1 Bde. Hamb. 1863. 8°. Sarsbd. (7½ M.) 2. —

946 **Le Beau, Ch.** Histoire du Bas-Empire, commençant à Constantin-le-Grand. 13 vol. Paris, Ledoux, 1819—20. 8°. Hfrzbde. 60. —
Beste Ausgabe, vergriffen u. selten geworden.

947 **Le Bruyn, C.** Voyage au Levant, Indes Orientales etc. 5 vol. Rouen 1725. 4°. Av. nombr. planches. Frzbde. 18. —
Diese (letzte) Ausgabe enthält zahlreiche Zusätze.

948 **Lennep, H. J. v.** Travels in little-known parts of Asia Minor. With illustrations of biblical literature and researches in archaeology. 2 vol. Lond. 1870. 8°. W. 4 maps and illustr. Sarsbde. (24 M.) 9. —

949 **Maffeii, J. P.** Historiarum indicarum libri XVI. Colon. Agr. 1593. fol. 3. 50

950 — Historiae Indicae. Viennae 1751. — **Selectae** ex India epistolae J. P. Maffeio interprete. Ibid. 1751. fol. In 1 Hfrzbd. 7. 50

951 **Marchant, N. D.** Mélanges de numismatique et d'histoire. Paris 1818. 8°. Av. figg. dont 36 de médailles inédites. Rare. 5. —
Monnaies des princes croisés d'Asie, des barons franç. en Grèce, des premiers califs de Damas etc.

952 **Marco Polo.** Travels. Translat. w. notes by W. Marsden. Lond. 1818. 4°. W. map. Hfrzbd. 30. —
Sehr geschätzte Ausgabe, mit einer kritisch-bibliograph. Einleitung, 80 pag.

953 **Martens, M. F.** La Russie et l'Angleterre dans l'Asie Centrale. Gand 1879. gr. 8°. (Extr.) 1. —

954 **Minadous, J. Th.** Persische Historia, d. i. warhaffte u. ausführl. Beschreibung v. d. langwirigen u. erschröckl. Krieg d. Türcken wider d. Persier, 1577. A. d. Italien. Franckf. 1592. fol. Ohne Einband. 3. —

955 **Montanus, A.** Denckwürdige Gesandtschafften d. Ost-Indischen Geselschaft in d. Verein. Niederländern an unterschiedl. Keyser v. Japan, darinnen nicht allein d. Begräbnüsse auf d. Reyse, sondern eine Beschreibung d. Städte, Götzendienste, Kriegsthaten etc. d. Japaner. Amst. J. Meurs, 1670. fol. fol. M. 25 Kupf. Frzbd. 3. —

956 **Mounsey, A. H.** A journey through the Caucasus and the interior of Persia. Lond. 1872. 8°. W. map. Sarsbd. (14 Sh.) 6. —

957 **Murawiew, N. v.** Reise durch Turkomanien nach Chiwa, 1819 u. 20. A. d. Russ., m. Einleit. v. Ph. Strahl. 2 Thle. in 1 Bde. Berl. 1824. 8°. M. 8 Taf. u. Karte. Ppbd. (4 M.) 1. 50

Geographie u. Ethnographie Asiens. 41

M. ₰

958 **Netscher**, E. en J. A. v. d. **Chijs**. De munten van Nederlandsch Indië. Batavia 1863. 4°. M. 33 Taf. cart. (10 fl.) — 8. —

959 **Neumann**, K. F. Geschichte des englischen Reiches in Asien. 2 Bde. Leipz. 1857. gr. 8°. Sarsbde. (24 M.) — 10. —

960 **Newton**, C. T. Travels and discoveries in the Levant. 2 vol. Lond. 1865. roy. 8°. M. 39 Taf., Karten u. Holzschn. Sarsbde. (42 M.) — 15. —
Zur Archaeologie Kleinasiens u. d. griech. Inseln.

961 **Niebuhr**, C. Beschreibung von Arabien. Kopenh. 1772. 4°. M. Taf. (Inschriften etc.) u. Karten. cart. unbeschn. — 3. —

962 **Nieuhof**, Joa. Descriptio Legationis Batavicae Societatis Indiae Orientalis ad M. Tartariae Chanum Sung Teium. Amstel. 1668. fol. C. tab. geogr. et permultis figuris aen. Prgtbd. — 4. 50

963 **Ouseley**, Sir W. Travels in various countries of the East, more particularly Persia. 3 vol. Lond. 1819—23. 4°. W. 82 plates and 4 maps. cart. (222 M.) — 50. —
Ein wichtiges Werk für antiquarian research, history, geography, philology, mit Extracts from rare and valuable Oriental MSS. etc.

964 **Palafox**. Histoire de la conqueste de la Chine par les Tartares. Trad. p. Colle. Amsterd. 1723. 8°. Hprgtbd. — 1. —

965 **Pallas**, P. S. Voyages en differentes provinces de l'empire de Russie et dans l'Asie septentrionale. Trad. de l'Allemand p. Gauthier de la Peyronie. 5 vol. Paris 1788—93. 4°. Av. atlas de 124 planches. Frzbde., Atlas Hfrzbd. — 18. —
Der Atlas enthält d. Karten, Ansichten, Taf. zu d. naturwissenschaftl. Beschreib. etc. 2 Karten eingerissen.

966 **Pariset**, E. Histoire de la soie (jusqu'au 12. siècle). 2 vol. Paris 1862 —65. gr. 8°. Av. carte. (10 fr.) — 5. —
Zur Geschichte des Handels u. d. Cultur d. Alterthums u. d. Mittelalters, vorzüglich im Orient.

967 **Pauthier**, G. Histoire des relations politiques de la Chine avec les puissances occidentales. Paris 1859. 8°. Ppbd. (4 fr.) — 2. 50

968 **Piotrowski**, R. Pamietniki z pobytu na Syberyi. 3 vol. Poznan 1860. gr. 8°. (12 M.) — 4. —

969 **Plath**, J. H. Die Völker d. Mandschurey. 2 Bde. Gött. 1830—31. 8°. (17 M.) 4. —

970 **Potocki**, J. Voyage dus les steps d'Astrakhan et du Caucase. Histoire primit. des peuples qui ont habité anciennement ces contrées. Av. notes p. Klaproth. 2 vol. Paris 1829. 8°. Av. 2 cartes. Etwas wasserfl. — Selten, wie alle Werke dieses Autors. — 16. —

971 **Ransonnet-Villez**, E. v. Ceylon, Skizzen s. Bewohner, s. Thier- u. Pflanzenlebens u. Untersuchungen d. Meeresgrundes nahe d. Küste. Braunschw. 1868. fol. M. 26 theilweis col. Taf. Hfrzbd. (30 M.) — 15. —

972 **Reinaud**. Mémoire s. le commencement et la fin du royaume de la Mésène et de la Kharacène d'après les témoignages grecs, latins, arabes, pers. et chinois. Paris 1861. 8°. (Extr.) 103 pag. — 2. 50

973 — Mém. s. le royaume de la Mésène et de la Kharacène, d'après les témoign. grecs, lat., arabes et pers. Paris 1864. 4°. (S.-A.) — 2. —

974 — Mém. s. le périple de la Mer Érythrée et s. la navigation des mers orient. au milieu du 3. siècle de l'ère chrét. d'après les témoign. grecs, lat., arab., persans, indiens et chinois. Paris 1864. 4°. (S.-A.) — 2. —

975 — Relations politiques et commerciales de l'Empire Romain avec l'Asie Orientale, pendant les 5 premiers siècles de l'ère chrét. Paris 1863. 8°. Av. 4 cartes. 339 pag. — 5. —

976 **Reisen** in Arabien. 2 Bde. Braunschw. 1873. gr. 8°. M. 2 Kart. u. Facs. (18 M.) — 6. —
I. H. v. Maltzan. Reise nach Südarabien. — II. Ad. v. Wrede's Reise in Hadhramaut, Beled Beny 'Yssá u. Beled el Hadschar, hrsg. m. Anmerkgn. etc. von H. v. Maltzan.

977 **Rennell**, J. Description histor. et géogr. de l'Indostan. Trad. p. J. Castéra. 3 vol. Paris 1800. 8°. Av. atlas de 11 grandes cartes. 4°. — 5. —

978 **Rogemont**, Fr. (Soc. Jes.) Relaçam do estado politico e espiritual do imperio da China, 1659—1666, traduz. Lisboa 1672. 4°. Prgtbd. — 6. —

979 **Rosenberg**, C. B. H. v. Reis naar de Zuidoostereilanden. 's Gravenh. 1867. gr. 8°. M. 7 col. Taf. (2½ fl.) — 2. 50

Otto Harrassowitz in Leipzig.

Geographie u. Ethnographie Asiens.

M. ₰

980 **Sachau, Ed.** Zur Geschichte u. Chronologie v. Khwârizm. 2 Thle. — Sachau u. Holetschek. Berechn. d. Sonnen-Apogaeums bei Albiruni. Wien. Ac. 1873—76. 8º. — 1. 25

981 **Schiltberger, J.** Reisen in Europa, Asia u. Afrika, 1394—1427. Zum 1. Mal hrsg. u. erläut. v. K. Fr. Neumann. Münch. 1859. 8º. (4 M.) 2. —

982 **Schultz, W.** Ost-Indische Reyse, worin See- u. Feldschlachten wider d. Portugisen u. Makasser etc., wie auch Beschreib. d. fürnehmsten Ostindischen Landschaften, ihre Gesetze, Sitten, Religion etc. A. d. Niederländ. Amst. 1676. fol. M. viel. Kupf. Prgtbd. Schönes Ex. 5. —

983 — Ostind. Reyse. Amsterd. 1676. — Angeb. J. J. Straussen's sehr schwere u. denckwürdige Reysen durch Italien, Griechenland, Lifland, Tartarey u. A., 1647—1673. Amsterd. 1678. fol. M. zahlr. Kupf. Frzbd. 5. —

984 **Semedo, Alv.** Histoire universelle de la Chine, av. l'hist. de la guerre des Tartares p. M. Martini. Trad. en François. Lyon 1667. 4º. Prgtbd. 3. —
Brunet: Cet ouvrage passe pour être exact.

985 **Smith, Tho.** Epistolae IV. de moribus Turcar. et de septem Asiae ecclesiis. Oxon. 1674. 8º. Prgtbd. 1. 50

986 **Sonnerat.** Reise nach Ostindien u. China, 1774—81. 2 Bde. Zürich 1783. 4º. M. 140 Kupf. Frzbde. 4. —

987 **Spiess, G.** Die preuss. Expedition nach Ost-Asien. Leipz. 1864. gr. 8º. M. 8 Tonbild. u. zahlr. Illustr. (9 M.) 1. 50

988 **Steger, Fr.** u. **H. Wagner.** Die Nippon-Fahrer, od. d. wiedererschlossene Japan in Schilderungen d. bekannt. älteren u. neueren Reisen. Leipz. 1861. 8º. M. 157 Illustr. u. Karte. Sarsbd. (4 M.) 1. 50

989 **Tarikhi Asham.** Recit de l'expédition de Mir-Djumlah au pays d'Assam, trad. p. Th. Pavie. Paris 1845. 8º. Sarsbd. (7½ fr.) 3. —

990 **Tavernier, J. B.** Beschreibung d. 6 Reisen in Türckey, Persien u. Indien. A. d. Frantzös. übers. v. J. H. Widerhold. 3 Thle. in 1 Bde. Genff 1681. fol. M. Kupf. u. Karte. Holzbd. Schönes Ex. 7. 50

991 **Texier, Ch.** Description de l'Arménie, la Perse et la Mésopotamie, publiée sous les auspices des ministres de l'intérieur et de l'instruction publ. 2 vol. Paris, Didot, 1842—52. fol. Av. 151 planch. Hmaroqbde. (400 fr.) 250. —
Schönes neues Ex. dieses prächtigen u. für die Archaeologie höchst wichtigen Werkes. Dasselbe enthält u. A. eine grosse Anzahl Abbildgn. assyr. Alterthümer u. s. w., die hier zum ersten Male veröffentlicht werden.

992 — Description de l'Asie Mineure, faite par ordre du gouvernement français, 1833—37. 3 vol. Paris, Didot, 1839—49. gr. fol. Av. 241 planch. 800. —
Tadelloses neues Ex. dieses Hauptwerkes für d. Archäologie Klein-Asiens. Subscriptionspreis 500 fr.

993 **Thorn, W.** Der Krieg in Indien, 1803—6, geführt v. Lord Lake u. Arth. Wellesley, m. histor. Skizzen, topograph. u. statist. Bemerkungen. A. d. Engl. Gotha 1819. gr. 8º. M. 9 Kart. u. Plän. Sarsbd. (19 M.) — Ex. auf Schreibpapier m. breitem Rande. in-4º. 5. —

994 **Tieffenthaler, J.** Histor.-geograph. Beschreibung v. Hindustan. 3 Bde. Berl. 1785—88. 4º. M. zahlr. Kupf. u. Kart. Hfrzbde. 5. —

995 **Timkowski, G.** Reise nach China durch d. Mongoley, 1820 u. 21. A. d. Russ. v. J. A. E. Schmidt. 3 Bde. Leipz. 1825—26. 8º. M. 11 Kupf. u. Kart. Ppbde. (20 M.) 4. —

996 **Traub, P.** Khiva et le prince Béloudche. Paris 1874. 8º. Ppbd. 1. 50

997 **Tursellinus, Hor.** De vita Francisci Xaverii, qui primus e Societate Jesu in Indiam Evangelium invexit. Col. Agr. 1621. 16º. Ppbd. 631 pag. 2. —

998 **Valentijn, Fr.** Oud en nieuw Oost-Indiën. M. aanteken., inhoudsregist. enz. uitgeg. d. S. Keijzer. 2. uitg. 3 Bde. Amst. 1862. gr. 8º. Sarsbde. (20 fl.) 15. —
Neue umgearbeitete Ausgabe dieses Hauptwerkes über die Holländ. Ostindischen Besitzungen. Die Original-Ausgabe erschien 1724.

999 **della Valle, P.** Reiss-Beschreibung in Türckey, Egypten, Palestina, Persien, Ost-Indien u. andre Landschafften. 4 Thle. in 1 Bde. Genff 1674. fol. M. Kupf. Prgtbd. 6. —

1000 **Vámbéry, H.** Skizzen aus Mittelasien. Leipz. 1868. gr. 8º. (6 M.) — Einige Bleistiftstriche. 3. —

1001 — Geschichte Bochara's od. Transoxaniens, nach oriental. handschriftl. Quellen. 2 Bde. Stuttg. 1872. gr. 8º. (21 M.) 7. —

Antiquarischer Catalog Nr. 93.

Geographie u. Ethnographie Afrikas.   43
                                                        M. ₰

1002 **Veer, G. de.** Oost-Indische ende West-Indische voyagien, namelijck de waerachtige beschrijvinge vande drie seylagien . . . by noorden Noorweghen, Moscovien ende Tartarien nac de Coninckrijcken van Carthay ende China ghedaen. Amst., M. Colijn, 1619. 4° obl. cart. — Tiele pag. 108.   50. —
  Dieser Band, welcher d. 1. Thl. d. Heubeldinck'schen Sammelwerkes ausmacht (Tiele pag. 9), ist einer d. interessantesten u. seltensten. Schönes Ex. m. zahlreichen Kupfern u. Karten. — Das Ex. hat beide Titel (den gedruckten u. den meist fehlenden gestochenen).

1003 **Watson, R. G.** History of Persia from the beginning of the 19th cent. to 1858. London 1866. gr. 8°. Sarsbd. (15 Sh.)   6. —

1004 **Weil, G.** Geschichte d. islamitischen Völker von Mohammed bis zur Zeit d. Sultans Selim. Stuttg. 1866. gr. 8°. (8½ M.)   4. —

1005 **Wietz, J. K.** Sitten, Gebräuche u. Trachten d. Bewohner d. osman. Reiches. Prag 1828. 8°. M. 20 color. Kupf.   2. —

1006 **Zimmermann, C.** 5 Karten zur Erdkunde Arabiens. Berl. 1847. gr. fol. (8 M.) — Atlas zu Ritters Erdkunde.   4. —

1007 **Zimmermann, W. F. A.** Die Inseln d. indischen u. stillen Meeres. 3 Bde. Berl. 1863—65. gr. 8°. M. 250 Illustr. Hfrzbde. (27¾ M.)   8. —

1008 **Zinkeisen, J. W.** Geschichte d. osmanischen Reichs in Europa. 7 Bde. u. Register. Hamb. u. Gotha 1840—63. gr. 8°. (83½ M.)   36. —

1009 **Zölling, Th.** Alexanders d. Gr. Feldzug in Central-Asien. 2. umgearb. Aufl. Leipz. 1875. 8°. (3 M.)   4. 50

1010 **(Zurla, Pl.)** Di Marco Polo e degli altri viaggiatori veneziani più illustri dissertazioni. C. append. s. antiche mappe idro-geograf. lavorate in Venezia. 2 vol. Venez. 1818. 4°. Av. cartes. Hprgtbd.   17. —

Afrika.

1011 **Andersson, Ch. J.** Der Okavango-Strom. Entdeckungsreisen u. Jagdabenteuer in Südwest-Afrika. Deutsch v. H. Hartmann. Leipz. 1863. 8°. M. 16 Illustr. Hlwdbd. (9 M.)   2. —

1012 **Andree, K.** Forschungsreisen in Arabien u. Ost-Afrika nach d. Entdeckungen v. Burton, Speke, etc. 2 Thle. in 1 Bde. Leipz. 1861. gr. 8°. M. 8 Tonbild., zahlr. Holzschn. u. Karte. Hsarsbd. (18 M.)   5. —

1013 — Die Expeditionen Burton's u. Speke's v. Zanzibar bis zum Tanganyikdu. Nyanza-See. Leipz. 1861. gr. 8°. M. 1 Karte u. zahlr. Ansicht. Hsarsbd. 3. —

1014 **Baker, S. W.** Der Albert Nyanza, das grosse Becken d. Nil u. d. Erforschung d. Nilquellen. A. d. Engl. v. J. E. A. Martin. 2 Thle. in 1 Bde. Jena 1867. gr. 8°. M. 33 Holzschn. u. 2 Kart. Sarsbd. (16½ M.) 5. —

1015 **Barth, H.** Reisen u. Entdeckungen in Nord- u. Centralafrika, 1849—55. 5 Bde. Gotha 1857—58. gr. 8°. M. Kart., Holzschn. u. Bildern in Farbendruck. Sarsbde. unbeschn. Prachtausgabe auf Velinpap. (180 M.) Vergriffen. — Lose in d. Einbänden.   85. —

1016 — Reisen u. Entdeckungen in Nord- u. Central-Afrika, 1849—55. Kleine Ausgabe. 2 Bde. Gotha 1859—60. gr. 8°. M. Holzschn., Portr., Taf. u. Karte. Vergriffen.   5. —

1017 **Beiträge** zur Entdeckungsgeschichte Afrikas (v. Kiepert, Koner etc.) 2 Hefte. Berl. 1873—74. 8°. M. 3 color. Taf. (4 M.) S.-A.   2. —

1018 **Beke, Ch. T.** The sources of the Nile, with the history of Nilotic discovery. Lond. 1860. 8°. W. map and 3 pl. Sarsbd. (6 Sh.)   2. —

1019 **Cameron, V. L.** Quer durch Afrika. 2 Thle. in 1 Bde. Leipz. 1877. gr. 8°. M. Taf. u. Karte. Hfrzbd. (20 M.)   10. —

1020 **Carette, E.** Etude des routes suivies p. les Arabes dans la partie méridion. de l'Algérie et de Tunis. Paris 1844. roy. 8°. Av. 1 carte. 324 pag. 5. —
  Aus d. Exploration scientif. de l'Algérie.

1021 — Etudes s. la Kabilie proprement dite. 2 vol. Paris, Impr. Impér., 1848. gr. 8°. Av. 1 carte. 960 pag.   6. —
  Aus der Exploration scientif. de l'Algérie.

1022 — Recherches s. la géographie et le commerce de l'Algérie méridionale. Paris 1844. roy. 8°. Av. 3 cartes. — Aus d. Explor. scientif. de l'Algérie. 3. 50

Otto Harrassowitz in Leipzig.

Geographie u. Ethnographie Afrikas.

	M. ₰
1023 **Cole, A. W.** Das Kap u. d. Kaffern. A. d. Engl. v. Hasskarl. 2. Aufl. Leipz. 1858. 8°. (5 M.)	2. —
1024 **Decken, C. Cl. v. d.** Reisen in Ost-Afrika. Erzählender Theil, bearb. v. O. Kersten. 2 Bde. Leipz. 1869—71. 4°. M. zahlr. Taf., Holzschn. u. Karten. Sarsbde. (37½ M.)	5. —
1025 **Duprat, Pascal.** Essai histor. s. les races anciennes et modernes de l'Afrique septentrionale, leurs origines etc. Paris 1845. 8°. Ppbd. (7 fr.)	4. —
1026 **Eichthal, G. de.** Histoire et origine des Foulahs ou Fellans. Paris 1841. gr. 8°. Av. carte. (Extr.) 296 pag.	3. —
1027 **d'Escayrac de Lauture.** Die afrikan. Wüste u. d. Land d. Schwarzen am obern Nil. Leipz. 1855. 8°. Hsarsbd. (3 M.)	1. —
1028 **Faria y Sousa, Man. de.** Africa Portuguesa. Lisboa 1681. fol. Frzbd. Selten. — Quaritch (1880) 50 Sh.	25. —
1029 **Gräberg di Hemsö, J.** Specchio geografico e statistico dell' impero di Marocco. Genova 1834. gr. 8°. M. 1 grossen Karte u. Tafeln. Hfrzbd. 364 pag. — Privatdruck.	3. 50
1030 **Gührauer.** Sur le projet d'expédition en Egypte, présenté à Louis XIV p. Leibnitz. Av. le texte orig. du projet et pièces justif. Paris Ac. 1841. 4°. 88 pag.	1. —
1031 **Heuglin, Th. v.** Reisen in Nord-Ost-Afrika, m. besond. Rücksicht auf Zoologie u. Geographie. Gotha 1857. 8°. M. Karte u. 4 Taf. Sarsbd. (7 M.)	2. —
1032 — Reise n. Abessinien, d. Gala-Länd., Ost-Sudan u. Chartum. M. Vorwort v. A. E. Brehm. Jena 1868. Lex. 8°. Nebst Illustr., Karte etc. (15 M.)	6. —
1033 **Kaufmann, A.** Schilderungen aus Centralafrika. Brixen 1862. 8°. M. Karte.	1. —
1034 **Kiesewetter u. Andree.** Livingstone, d. Missionär. Aeltere u. neue Erforschungsreisen im Innern u. Süden Afrika's u. auf d. Eilande Madagascar. 2 Bde. Leipz. 1868. 8°. M. zahlr. Illustr., Taf. u. ein. Uebersichtskarte. Sarsbde. (10 M.)	3. —
1035 **v. Kloeden.** Afrikanische Inseln. Berl. 1871. 4°.	1. —
1036 **Leonis Africani** De totius Africae descriptione libri IX. Antverp. 1556. 8°. Prgtbd.	3. 50
1037 **Livingstone, D.** Missionsreisen u. Forschungen in Süd-Afrika. A. d. Engl. v. H. Lotze. 2 Thle. in 1 Bde. Leipz. 1858. gr. 8°. M. Portr., 2 Kart. u. 23 Ansichten. Hsarsbd. (16 M.)	4. —
1038 — Neue Missionsreisen in Süd-Afrika. Forschungen am Zambesi u. seinen Nebenflüssen, 1858—64. Aus dem Engl. von J. E. A. Martin. 2 Thle. in 1 Bde. Jena 1866. gr. 8°. M. Karte u. 40 Holzschn. Hsarsbd. (17¼ M.)	5. —
1039 **Lombardini, E.** Essai sur l'hydrologie du Nil. Trad. de l'Italien. Milan 1865. gr. 4°. Av. 3 chartes. 72 pag. (S.-A.)	2. 50
1040 **Merruau, P.** L'Egypte contemporaine, 1840—57. Av. pièces justificat. Paris 1858. 8°. Hfrzbd. (6 fr.)	2. 50
1041 **Mohr, Ed.** Nach d. Victoriafällen d. Zambesi. M. astronom. u. geognost. Anhang. 2 Bde. Leipz. 1875. gr. 8°. M. zahlr. Illustr., Chromolith. u. 1 Karte. (20 M.)	8. —
1042 **Nachtigal, G.** Sahara u. Sudan. Ergebnisse sechsjähr. Reisen in Afrika. 2 Bde. Berl. 1879—81. gr. 8°. M. 95 Holzschn., 6 Kart. u. 4 Schrifttaf. Sarsbde. (40 M.) Neues Ex.	30. —
1043 **Petermann, A.** Account of the progress of the expedition to Central-Africa, performed by order of H. Majesty's foreign office under Messrs. Richardson, Barth, Overweg and Vogel, 1850—53. Consisting of maps and illustrations with descript. notes. Lond. 1854. roy. fol. Sarsbd. (30 M.)	7. —
1044 **Pruner, F.** Topographie médicale du Caire. Munich. 1847. 8°. Av. pl.	1. 50
1045 **Rohlfs, G.** Adventures in Morocco and journeys through the oases of Draa and Tafilet. Lond. 1874. 8°. W. map. Sarsbd. (12 M.)	5. —
1046 — Mein erster Aufenthalt in Marokko u. Reise südlich v. Atlas durch d. Oasen Draa u. Tafilet. Brem. 1873. 8°. (8 M.)	3. 50
1047 **Speke, J. H.** Die Entdeckung der Nilquellen. Aus d. Engl. 2 Thle. in 1 Bde. Leipz. 1864. gr. 8°. M. Karten u. Taf. Hfrzbd. (18 M.)	7. —

Antiquarischer Catalog Nr. 93.

Nachträge. 45

M. ₰

1048 **Wagner, H.** Schilderung d. Reisen u. Entdeckungen d. Dr. Ed. Vogel in Central-Afrika. Leipz. 1860. 8°. M. Karte u. 108 Illustr. Sarsbd. (5 M.) 1. 50
1049 **Wilson, J. L.** West-Afrika, geographisch u. histor. geschildert. A. d. Engl. v. M. B. Lindau. Leipz. 1862. 8°. Sarsbd. (3 M.) 1. —

Nachträge.

1050 **Abel, C.** Koptische Untersuchungen. 2 Thle. in 3 Bdn. Berl. 1876—77. gr. 8°. (30 M.) 10. —
1051 **Adernson, E.** Die Regenwürmer auf d. Feldern d. oriental. Numismatik. Leipz. 1836. 8°. — 80
1052 **Bunsen, C. C. J.** Egypt's place in universal history, translated by Ch. H. Cottrell, w. addit. by S. Birch. Vol. V. Lond. 1867. 8°. Lwdbd. 60. —
  Dieser (letzte) Band enthält die in der deutschen Ausgabe fehlenden werthvollen Zusätze von Birch (Hieroglyph. Wörterbuch u. Grammatik). Selten, bei Trübner in London 90 Sh.
1053 **Crawfurd, J.** History of the Indian Archipelago, cont. an account of the manners, arts, languages, religions etc. of its inhabitants. 3 vol. Edinb. 1820. 8°. W. 34 engrav. Hfrzbde. (52½ M.) — Die Karte fehlt. 12. 50
1054 **Culbertson, S.** Darkness in the Flowery Land, or religious notions and popular superstitions in North China. New York 1857. 8°. Sarsbd. 3. —
1055 **Douglas, R.** Chines. Sprache u. Litteratur, frei bearb. v. W. Henkel. Jena 1877. 8°. (5 M.) 3. —
1056 **Edkins, J.** The religious condition of the Chinese. Lond. 1859. 8°. Sarsbd. 2. 50
1057 **Ellis, H.** Journal of the proceedings of the late embassy to China, interspersed with observations upon the face of the country, the polity, moral character and manners of the chinese nation. Lond. 1817. 4°. W. 3 maps and 7 col. draw. Hldrbd. 6. —
1058 **Hoeck, K.** Kreta. Ein Versuch z. Aufhellung d. Mythologie u. Geschichte, d. Religion u. Verfassung dieser Insel, v. d. ältesten Zeiten bis auf die Römer-Herrschaft. 3 Bde. Gött. 1823—29. 8°. M. Karte u. 2 Taf. Hfrzbde. Vergriffen. 20. —
1059 **Juris orientalis** Libri III. Gr. et lat. ed. et notis ill. En. Bonefidius. (Paris.), H. Stephanus, 1573. 8°. Prgtbd. 25. —
  Wohlerhaltenes Ex. dieses sehr seltenen u. für die Geschichte d. orientalischen Kirchen wichtigen Werkes. — Angebdn. Thomistii Euphr. Oratt. Lugd. B. 1614.
1060 **Juris graeco-romani** tam canonici quam civilis tomi duo, Joh. Leunclavii studio ex variis Europae Asiaeque bibliothecis eruti, latineque redditi, nunc primum editi. 2 tom. 1 vol. Francof. 1596. fol. Frzbd. 25. —
  Der Einband beschädigt, Titel d. 1. Bdes. aufgezogen u. auf einigen Bll. unbedeutende Wurmstiche, sonst wohlerhaltenes Ex. dieses sehr selten gewordenen u. für die Geschichte d. christl. Orient wichtigen Werkes. Dasselbe enthält (überall in griech. Originaltexte nebst lat. Uebersetz.) u. A. Leges navales Rhodiorum et aliae, Leges coloniariae, Michaelis Attaliatae Pragmatica, Decreta synodalia archiepiscor. et patriarchar. Constantinop., Responsa, epistolae etc. alior. episcop. sanctorumque patrum etc. etc. — Ein schönes Ex. verkaufte ich vor 2 Jahren für 50 M.
1061 **the Koran.** Translated into english w. explanat. notes taken from the most approved commentators. Prefixed a prelim. discourse. 5. ed., w. var. readings and illustr. notes from Savary's version. Philadelphia 1870. gr. 8°. W. plates. Eleg. Hfrzbd. 8. —
1062 **Marsden, W.** Dictionnaire malai, hollandais et français, trad. p. C. P. J. Elout. Harlem 1825. 4°. Hfrzbd. Einband lose. 10. —
1063 **Martin, L. A.** La morale chez les Chinois. Paris 1862. 8°. 1. 50
1064 **Mendoza, J. Gonz. de.** The history of the great and mighty kingdom of China. Now reprinted from the early translat. of Parke and ed. by G. T. Staunton. W. an introduct. by R. H. Major. 2 vol. Lond., Hakluyt Soc., 1853—54. 8°. Sarsbde. Selten. — Quaritch 40 Sh. 20. —
1065 **Menant, J.** Inscriptions des revers des plaques du palais de Khorsabad. (Texte, transcription et traduction.) Paris, Impr. Impér., 1865. fol. 8. —
1066 **Migne,** Patrologia graeca. — Κλεις Πατρολογιας και Βυζαντινων συγγραφεων ητοι ευρετηριον των συγγραμματων των Πατερων κτλ. περιχομενων εν τη του Μιγνιου πατρολογια . . . . υπο Δωροθεου του Σχολαριου. Αθην. 1879. 4°. 614 pag. 30. —
  Ein Wegweiser durch die grosse Migne'sche Patrol. graeca u. das Corpus Script. histor. Byzantinae (Bonn).

Otto Harrassowitz in Leipzig.

Nachträge.

4067 **Papyros Ebers.** Das hermet. Buch üb. d. Arzneimittel d. alten Aegypter in hierat. Schrift. M. hieroglyph.-lat. Glossar v. L. Stern. 2 Bde. Leipz. 1875. fol. Hfrzbd. (270 M.) 180. —

4068 **Porphiry.** Der christliche Orient. Der Berg Athos. 9 Bde. Kiew u. Moskau 1877—81. roy. 8°. 70. —
Ein wichtiges Werk (in russ. Sprache) enthaltend die Geschichte, archaeolog. Beschreibung etc., mit zahlr. griech. Texten. Im 1. Bde. auch eine Grammatik der Zakonensprache.

4069 **Pott, A. Fr.** Die Personennamen, insbes. d. Familiennamen u. ihre Entstehungsarten, auch unter Berücksicht. d. Ortsnamen. 2. verm. Ausg. Leipz. 1859. gr. 8°. cart. unbeschn. Vergriffen. 18. —

4070 **de Sacy, Silv.** Grammaire arabe. 2. éd. augm. 2 vol. Paris 1831. roy. 8°. Hfrzbde. — Wohlerhaltenes Ex. dieser seltenen 2. Ausgabe. 110. —

4071 **Schmidt, M.** Die Inschrift von Idalion u. d. kyprische Syllabar. Jena 1874. 8°. M. autograph. Taf. (6 M.) 4. —

4072 **de Siebold et Melvill de Carnbee.** Le moniteur des Indes-Orientales et Occidentales. Recueil de mémoires scientifiques etc. concern. les possessions Néerland. d'Asie et d'Amérique. 3 vol. La Haye 1847—49. 4°. Av. 26 portr., planches et cartes. Lwdbde. (54 fl.) 22. —
Wichtiges Werk mit zahlreichen Special-Karten etc. — Vergriffen u. selten.

4073 **Stark, K. B.** Gaza u. d. philistäische Küste. Jena 1852. gr. 8°. Mit 2 Taf. (9 M.) 5. —

4074 **Tchubinoff, D.** Grusinische Grammatik (in russ. Sprache). St. Petersb. 1855. gr. 8°. Ppbd. 76 pag. 3. —

4075 **Velazquez, L. J.** Ensayo sobre los alphabetos de las letras desconocidas, que se encuentran en las mas antiguas medallas y monumentos de España. Madr. 1752. 4°. M. 20 Taf. Prgtbd. 12. —

4076 **Wahrmund, Ad.** Handwörterbuch d. (neu-) arab. u. deutschen Sprache. 2 Bde. Giessen 1877. 8°. Hfrzbde. (66 M.) 45. —

4077 **Wall, H. v. de en H. N. v. d. Tuuk.** Maleisch-nederlandsch woordenboek. 2 Bde. Batavia 1877—80. Lex. 8°. cart. 1088 pag. 12. —
Bestes malayisches Wörterbuch, auf Regierungskosten gedruckt u. in Folge dessen ausserordentlich billig.

Zur gefälligen Beachtung!

Die Ausgabe des vorliegenden Catalogs giebt mir Veranlassung, die bücherkaufenden Kreise auf die **philologisch-linguistische Specialität** (Classische Philologie, Vergleichende Sprachwissenschaft, Europäische und Orientalische Linguistik) meines Geschäfts besonders aufmerksam zu machen. Zahlreiche Verbindungen im Auslande und in den kleineren Sprachgebieten machen es mir möglich, auch Werke auf Lager zu führen, die schwer und auf dem gewöhnlichen Wege des Buchhandels gar nicht zu beschaffen sind, während sie für den Specialforscher gerade ein hervorragendes Interesse haben. Aus diesem Grunde glaube ich meine Cataloge gefl. Beachtung besonders empfehlen zu dürfen.

Auf der andern Seite ist es mir möglich, für werthvolle Werke aus den genannten Literaturgebieten gute Preise zu zahlen, wie dies auch schon daraus hervorgeht, dass während des verhältnissmässig kurzen Bestehens meiner Firma viele werthvolle Bibliotheken in meinen Besitz übergegangen sind, u. A. diejenigen von Karl Lehrs und G. T. A. Krüger (Class. Philologie), Grein (Angelsächsisch-Germanist.), Roediger (Orientalia), Jean Humbert in Genf (Arabische Literatur), Grassmann (Sanskrit), Grotefend (Keilschrift etc.), Bindseil (Vergleich. Linguistik), Gericke (Shakespeare-Bibliothek), Fed. Sacchi in Cremona (alte hebräische Drucke), C. G. Smith in Copenhagen (Slavica) etc. etc. — Anerbietungen der Art sind mir stets willkommen und finden eine reelle und coulante Erledigung.

Demnächst erscheint:

Catalog 94: Hebraica. Judaica. Geschichte der Juden u. des Heiligen Landes etc., worunter **kostbare alte hebräische Drucke von 1483 an.** (Bibliothek von Dr. **Federigo Sacchi**, Verfassers des Werkes: I tipografi ebrai di Soncino.)

www.ingramcontent.com/pod-product-compliance
Lightning Source LLC
Chambersburg PA
CBHW070656050426
42451CB00008B/385